珍藏本
纪念版

汉译世界学术名著丛书

雅典政制

〔古希腊〕亚里士多德 著

日知 力野 译

商务印书馆
SINCE 1897 The Commercial Press

2017年·北京

Aristotle

THE ATHENIAN CONSTITUTION

Translated by

H. Rackham

汉译世界学术名著丛书
（120 年纪念版·珍藏本）
出 版 说 明

2017 年 2 月 11 日，商务印书馆迎来 120 岁的生日。120 年前，商务印书馆前贤怀揣文化救国的理想，抱持“昌明教育，开启民智”的使命，立足本土，放眼寰宇，以出版为津梁，沟通中西，为中国、为世界提供最富智慧的思想文化成果。无论世事白云苍狗，潮流左右激荡，甚至战火硝烟弥漫，始终践行学术报国之志，无改初心。

迻译世界各国学术名著，即其一端。早在 20 世纪初年便出版《原富》《天演论》等影响至今的代表性著作，1950 年代后更致力于外国哲学和社会科学经典的译介，及至 1980 年代，辑为“汉译世界学术名著丛书”，汇涓为流，蔚为大观。丛书自 1981 年开始出版，历时三十余年，迄今已推出七百种，是我国现代出版史上规模最大、最为重要的学术翻译工程。

丛书所选之书，立场观点不囿于一派，学科领域不限于一门，皆为文明开启以来，各时代、各国家、各民族的思想与文化精粹，代表着人类已经到达过的精神境界。丛书系统译介世界学术经典，引领时代思想，为本土原创学术的发展提供丰富的文化滋养，为推动中国现代学术和现代化进程做出了突出的贡献。

为纪念商务印书馆成立120周年，我们整体推出“汉译世界学术名著丛书”120年纪念版的珍藏本，寄望既利于文化积累，又便于研读查考，同时向长期支持丛书出版的译者、编者和读者致以敬意。

两甲子后的今天，商务印书馆又站在了一个新的历史时间节点上。我们不仅要铭记先辈的身影和足迹，更须让我们的步伐充满新的时代精神。这是商务人代代相传的事业，更是与国家和民族的命运始终紧密相连的事业。我们责无旁贷，必须做好我们这代人的传承与创造，让我们的努力和成果不仅凝聚成民族文化的记忆，还能成为后来人可以接续的事业。唯此，才能不负前贤，无愧来者。

商务印书馆编辑部

2017年10月

中译本序

关于亚里士多德《雅典政制》的来历、版本以及其他有关的考证，英译者拉克汉在他的《序言》里已经有了简单的介绍。这里只就《雅典政制》这类研究对于亚里士多德《政治论》中见解的形成的重要性和它在国家和法律的历史的研究上的价值，略申己见。

大家都知道，古希腊的学术到了公元前五世纪中叶，已由对自然现象的探讨转向社会政治的研究。不过在柏拉图和亚里士多德以前，除了一些关于国家和法律的片段观点之外，并没有、至少是没有遗留下来讨论这一论题的专门著作。柏拉图的《理想国》略早于亚里士多德的《政治论》，两者在方法上有显然的差别。柏拉图用的是抽象的演绎方法：他所建立的是一种玄想的政治哲学体系。亚里士多德用的是对具体事实的观察、分析和比较的归纳方法；他的努力是针对着当时阶级，或者毋宁说是奴隶主阶级中的各阶层之间的力量对比，提出一个如何使政权巩固的原则和具体方案。后来西欧的政治学家走柏拉图路子的固不乏人，但是大多数还是走的亚里士多德的道路。所以，就西欧和美国政治思想所接受的古希腊的“遗产”而言，毋宁说亚里士多德的《政治论》比柏拉图的《理想国》尤为重要。直到帝国主义时期，在英国流行的书如拉斯基的《政治典范》，

在美国大学里流行的政治学教科书，如迦纳的《政治科学与政府》等等，其内容和形式，也还可以追溯到《政治论》一书的影响——先泛论国家的性质，接着再讲政治制度。

然而，《政治论》的写作并不是一蹴而就的。亚里士多德不但对作为当时希腊政治重心的雅典加以观察和分析，对当时阶级与阶级间、阶层与阶层之间的斗争予以密切的注意，他还对一百五十多个希腊国家的政治制度进行了比较的研究。大约在公元前 335 年亚里士多德在雅典的里西亚姆讲学之后，便在他的学生们的协助之下，开始了这项规模空前的研究工作。约在公元前 328 和 325 年之内，这项工作的初步成果便已完成，本书便是其中的一个残篇。

毫无疑问，这项研究对于形成现存的《政治论》这部书的内容，是有着直接关系的。尽管从《政治论》中也还可以看出亚里士多德所受的柏拉图的影响，但他后来终于放弃了那种抽象的探究，采取了与柏拉图不同的方法，提出一些直接与实际政治有关的问题。例如他提出："一般的国家在实际上所能达到的最好政体是什么?"这就与柏拉图的(至少是)《理想国》大不相同了。有人说亚里士多德的出发点是柏拉图的《法律篇》，这也只是说亚里士多德之着重实际的问题与《法律篇》的关系比与《理想国》的关系接近而已。至于亚里士多德之所以得出比较接近现实的概括，还是与他研究实际政制的工作分不开的。本书就是后来资产阶级名之为"比较政府"性质的研究中残存的一部分。所以，它在亚里士多德形成其政治理论体系过程中，具有一定的重要性。而这一残篇的发现，也会增加我们对于

《政治论》一书，甚至对亚里士多德的治学方法的了解。

尤其重要的是，任何细心的读者，都会发现：亚里士多德在《政治论》一书中的中心主张是与本书有相似处。亚里士多德在前一书中主张使“中等阶级”（实质上是“中等阶层”，因为他所谈的都是奴隶主阶级内各阶层的问题）强大起来，以便像他所企望的，使富有的自由民和贫苦的自由民都不致各走极端；他把中等阶层当做一个平衡的力量。他虽然赞成民主制，但却是所谓“温和的民主制”。在本书中，我们可以看出他对梭伦很有好感，他认为梭伦曾“采取最优良的立法，拯救国家”。梭伦的“优良的立法”是什么呢？是：抑制最富有的阶层，扶持最贫困的阶层，而强化中等阶层——这和上面所说亚里士多德在《政治论》一书中的主张是一样的。他们的目的也相类似：通过防止大富极贫或实行防止过犹不及的中庸之道来求得当时奴隶主阶级统治的巩固。目的一样，手段也相同，我们实在没有理由不说：亚里士多德在《政治论》中的温和民主制的主张受了梭伦的影响。而他对于梭伦施政的情况，恰好在本书中也有较详的叙述。因此，这一残篇对于了解亚里士多德的政治主张和政治态度，是有很大帮助的。

此外，对于一般历史、国家与法律的历史，本书还有史料价值。研究古希腊的历史和国家与法律的历史的发展，除了一些文学作品，如亚里士多芬的喜剧、辩论家和执政人的演说、碑铭中的资料以外，比较有系统的著作，有色诺芬的《斯巴达的国家制度》、柏拉图的《政治家》和《法律篇》，以及另一个题名为《伪色诺芬的雅典政制》等等。亚里士多德的《政治论》和这本《雅典政制》都是能够提供一些有用史料的著作。特别是本书，他引用了许多原始材料，如梭伦的诗篇、民间歌词和谚语等等；征引了希罗多德，也采用了修昔底德的著作。虽然在亚里士多德的《雅典政制》出世后，关于希腊历史的材料续有发现，对雅典古史的研究也有新的发展，但本书终不失为有用的史料之一。

正因为它具有史料的价值，所以这部残篇对于我们研读恩格斯《家庭、私有制和国家的起源》这一经典著作，也有参考价值。然而能不能像某些资产阶级学者所认为的那样：假如恩格斯看到了这本《雅典政制》(按《雅典政制》原本公布于1891年，我们也没有理由说恩格斯绝对没有看到过。)，他就会把《家庭、私有制和国家的起源》中的主要提法改变了呢？这就涉及了本书对于历史唯物主义的参考价值问题。

我们可以首先肯定的是：倘使恩格斯看到了这本书，那么，本书对《家庭、私有制和国家的起源》中的某些内容是可以有所补充的。比如，当恩格斯在该书提到梭伦的“革命”中“债务简单地被宣布为无效”的事件时，他自己也说：“不知其详情”，而在本书第五节到十二节中，就有对于这一史事的前因后果的较详叙述，并且还摘引了梭伦自己有关的诗篇。又如恩格斯在“雅典国家的发生”一段中，也表示对梭伦时代的历史“知道得很不完全”，而在以上所举本书各节中，却有关于梭伦执政及其政治经济改革的较详记载。凡此种种，都是可以作为有用的补充和参考材料的。

但是本书却并不包括足以改变或修正《家庭、私有制和国家的起源》中论及雅典国家产生的基本论点和提法的材料。那个基本论点和提法就是：在雅典“国家是直接并且主要是从氏族社会自身内部发展起来的阶级对抗中发生的”。正因为雅典国家的形成一方面“没有受到任何外部和内部暴力干涉”，另方面，在这里，“民主共和国是直接从氏族社会中产生出来的”，所以恩格斯才说这是“一般国家形成的极为典型的例子”。但在本书中，对于雅典国家形成的几个重要时期，如对提秀斯的事迹则只剩了几个断片，非常简略；对梭伦比较详细，而且其内容正如上面所说只能充实恩格斯的论据，而不是什么足以改变他对古希腊国家起源的提法的问题。至于对克莱斯特纳斯的叙述就更不发生影响恩格斯基本论点和提法的问题了。可见资产阶级学者上述的荒谬说法是完全没有根据的。

然而，从这里，我们却应该得出这样一条理论斗争的经验：就是，资产阶级学者惯会夸大稀见的材料的用处并拿它来吓唬人。对此，我们就应该深入地钻研一下那些材料，以便指出他们的看法没有根据而进行彻底的驳斥。再则，研究经典著作，本来也就应该把其中涉及的学说和史实弄清楚，然后才能深入钻研下去，而求得进一步的了解。比如学习恩格斯论国家起源的著作，无论如何也必须把莫尔根的那本《古代社会》的内容熟悉一下，同时，也应熟悉莫尔根书中的许多假说被推翻以后的新的材料和论点。只有这样，才可能对恩格斯的经典著作有既结实又深湛的理解。这本《雅典政制》，尽管是残本，却也能增加对恩格斯这一经典著作中某些地方的理解。

这篇短序写成后曾寄给日知同志请他指正,承他于复信中见示研究古希腊史的近况,使我对原稿某些词句做了必要的修改,特此致谢。

吴恩裕

1962 年 9 月

目　次

英译者序言 …… 1
内容纲要 …… 6
亚里士多德的雅典政制
　断片 …… 1
　抄本 …… 4
专有名词（地名、人名）索引 …… 82
译后记 …… 87

英译者序言

拉克汉

一　政制(The Politeiai)

“雅典政制”在亚里士多德全部著作中的地位，我们是由“尼科马库斯伦理学”[①]那部书的结尾一节中得知的。在论及作为社会存在的人的福利的论著中，那部书是第一卷，而“政治论”则是第二卷；在前一部书的篇末(“尼科马库斯伦理学”，X. IX. 21，23)提到了后一部书的绪言大旨，其中曾有“政制集编”、“集编的政制”的措辞；据说“政治论”中一般的论及各国的稳定性和种种政制特殊形式的稳定性部分，以及论及政府好坏的原因部分(“政治论”，卷三至卷六)，将以这些政制集编为根据。

这些有关政制的论著，在亚里士多德著作的古代书目中，据说有一百五十八部。每一部无疑地都像我们手边这部那样，先包括所论究的那个国家的政制史，接着叙述这个国家在写作当时的政制情形。这些论著往往都被说成亚里士多德的作品，但在编辑这些论著时，他可能得到门徒很多

① “尼科马库斯伦理学”(The Nicomachean Ethics)是亚里士多德的著作之一，由其子尼科马库斯编成。——译者

的帮助。到了中世纪，这些论著在“亚里士多德全集”中已经无存，直到五十年前为止[①]，近代学者所见到的只有后来作家所作的许多引证和引文而已。

二 “雅典政制”抄本

但在1880年，在埃及沙漠中曾发现了两小页破损颇多的纸草，后来经学者鉴定，这两页纸草就是从所有政制论著中最重要的一部——“雅典政制”的抄本中来的。这两页纸草，现在存于柏林博物馆。古文字学家认为它们是公元四世纪的东西。十年之后，图书馆管理人刻泥嗡（F. G. Kenyon）在不列颠博物馆从埃及得到的纸草卷中认出有四页是几乎包括全文的抄本。这几页纸草两面都写着字。正面是埃及赫尔摩波利斯城（Hermopolis）附近一个庄园管理人狄底穆斯（Didymus）当味斯琶西阿努斯（Vespasianus）[②]第十年和第十一年，即公元78和79年，为他的主人厄辟马库斯（Epimachus）保存的一些收支账目。背面便是亚里士多德的论文；它没有开头部分，因而此书的第一页是空白的，这说明它是从业已破损的该文抄本转抄来的；最后一卷是十分破碎的断片。论文的各部分是由不同的人手抄写的，一共有四人；据说，由字体可以看出，抄本的年代当在公元100年左右。无疑地这是给一个私人（可能即四位书手之一）准备的，而且大概是它的所有者死后的殉葬品。

① 按即指公元1880年。——译者

② 罗马皇帝。——译者

三　版本

1891年，佛勒得里克·刻泥嗡爵士公布了纸草的影本和附有序言和注释的原文的印本。1893年，珊底斯(Sandys)发表了一部经过修正的原文，且附以完善的注释。而刻泥嗡为柏林皇家科学院修订的版本亦于1903年公布，纸草第四卷的断片，经他推断整理，成为连续的原文，也包括在这个版本之内；他的最后版本于1920年在牛津发表。在国外公布的几种版本中，最近的一种是1928年俄珀耳曼(Oppermann)根据布拉斯(Blass)和萨尔赫谟(Thalheim)的原来版本发表的透布涅耳(Teubner)版的原文。

四　原文

本版的原文以刻泥嗡的初版本为根据，而依照后来学者对纸草的校读加以订正。某些评注和校订意见已经附录于此；至于文法上和数字上的错误，以及措辞有些不够文雅(例如 τόνδε τρόπον，大多数编者均以 τόνδε τὸν τρόπον 代之)，到底其中有多少是出自书手的粗心大意，有多少应由作者自负其责，学者各异其说。论文首尾的若干节重要的缺文，曾经学者花费治学工夫，从随后希腊作家的引文中苦心搜求而得，这里已经把它分别添补在纸草原文的始末。

五　原料

本书历史部分的原料，在珊底斯版第 LIV. 页以下已加以研究。著者有时引用梭伦的诗(XII.)、民间的诗歌(XIX.,XX.)和谚语(XVI.7,XXI.2),作为自己的证据。有一次他提到了希罗多德(XIV.),关于珀西斯特剌图斯和克勒斯塞涅斯的事实(XIV.37,XX.),他照希罗多德叙述,而略加变动。他没有提起修昔的底斯的名字,但是关于哈尔摩狄乌斯和阿里斯托革同(XVIII.),关于四百人政府(XXIX.,XXXIII.),他都追随修昔的底斯,而加以修改。随后部分他大概以厄福律斯(Ephorus)的作品为依据,但是有些说法可能采自克勒得弥斯、法诺得弥斯和安德洛提嗡的"阿提卡史"('Ατθίδεs of Cleidemus, Planodemus and Androtion)。

他自以为曾批判应用他所引用的作品(VI.,XVIII.4,XXVIII.);可是他自己所用的年代和在细节上的正确性却已经被人反驳,例如关于珀西斯特剌图斯的时代,关于塞密斯托克利斯在公元前462年[①]之出现于雅典(XXV.3)。他引用官方文件(XXVI.末,XXX.,XXXI.,XXXIX.);他推论现在以追述过去(III.5,VIII.1,XVI.5,XXII.3);并且引证他人使用这种方法(III.3,VII.4)。

六　写成的年代

"雅典政制"中所记的最后事件是在刻腓索丰(Cephisophon)担任执政官的那一年(LIV.7),亦即公元前329年。此

① 原文误作426年。——译者

书又说到三列桨战舰和四列桨战舰(XLVI.1),但是没有提起五列桨战舰;在雅典海军中有五列桨战舰的最早记录是在公元前325年。所以本文写成的年代当在公元前328年和前325年之间。但是此书又说到雅典还在派遣官吏前往萨摩斯(LXII.2),而萨摩斯到了公元前322年,即亚里士多德逝世那一年的秋天,已经不复在雅典控制之下。

内容纲要

第一编　公元前403年前雅典政制史

(一)　断片1.原始世袭的君主制[①]。伊嗡(Ion)时代军事指挥权由王者转给军事执政官。

断片2.王权在潘狄嗡(Pandion)四子间作地区分划。

断片3.塞修斯(Theseus)之恢复统一。

断片4.塞修斯统治下平民权力之成长。

(二)　断片5.塞修斯时代的宪法:四个部落,三一区(Thirds),胞族,氏族。

断片6.塞修斯之被杀。他的遗骨被雅典收回。

断片7.世袭的王政之告终。

断片8.库隆(Cylon)阴谋为墨加克勒斯(Megacles)所镇压。

抄本章I.雅典之污秽与净秽。

章II.因债务者之强迫劳役而起的内部纷乱。

章III.德拉科(Draco)以前的宪法。第三个执政官之设

① 原文误作"专制君主制"(absolute monarchy)是不对的,这是军事民主制时期,所谓"君主"(以及下面所谓"王者"),仅是军事首领(巴西勒斯)而已。——译者

立，王者之保留宗教职能。三个执政官职位之最终成为一年一任制，六个司法执政官之增加。贵族政治，九个执政官之由阿勒俄琶菊斯(areopagus)选举，退任执政官为阿勒俄琶菊斯的成员。库隆之阴谋。下等阶级之不满与贫困。

（三） 章IV.德拉科之宪法，第一部法典。四〇一人议会。阿尔克迈喻尼代(Alcmaeonidae)家族之受处罚。

（四） 章V—IX.梭伦(Solon)之宪法：具有等级职能的四个财产阶级，第四级之参与民众会和法庭。

章X.梭伦之取消债务，度量衡制。

章XI.XII.党争的十年。梭伦的诗。

（五） 章XIII—XIX.珀西斯特剌图斯(Peisistratus)及其子的僭主政治。

（六） 章XX—XXII.克勒斯塞涅斯(Cleisthenes)之改革。民主政治之建立。

（七） 章XXIII.XXIV.波斯战争后阿勒俄琶菊斯之优势。阿里斯忒得斯与塞密斯托克利斯。提洛联盟；同盟之课税。

（八） 章XXV—XXVII.厄斐阿尔忒斯之恢复民主政治及珀里克利斯之扩大民主政治。

章XXVIII.人民领袖，历史的观察。

（九） 章XXIX.XXX.四百人政变[①]；西西里远征失败后雅典之被迫放弃民主政治；公民权利之限于五千人。

① 原文误作“革命”是不合理的，已改，下同。——译者

章 XXXI. 作为寡头政治的四百人议会统治。

（十） 章XXXII—XXXIV. 反政变：民主政治之恢复。斯巴达在战争中击败雅典并建立三十人统治。

（十一） 章XXXV—XXXVIII. 三十人之暴虐统治。他们之被司剌绪部卢斯打败与赶走。

（十二） 章XXXIX. XL. 极端民主政治之恢复：人民之至上权；出席民众会之津贴。

章 XLI. 十一次政变之摘要。

第二编 当前的宪法

章 XLII. 选举权。

章 XLIII—LX. 官吏：(a)由抽签选出者——议事会、执政官及其他。

章 LXI. (b)由投票选举者——军官。

章 LXII. 官吏之津贴。

章 LXIII. 以下。法庭：诉讼程序。

亚里士多德的雅典政制

赫剌克勒得斯作品摘要的篇首部分

〔赫剌克勒得斯·勒谟勃斯(Heracleides Lembos)①于公元前二世纪编一部书,称为"历史"(ʽιστορίαι),其中有亚里士多德的"雅典政制"的引文。传世者有八世纪的梵蒂冈抄本,今藏于巴黎,称为"赫剌克勒得斯所引政制摘要"(ʼΕχ τῶν ʽΗραχλάδου περί Πολιτειῶν)中皆断片,或由该书摘来,或由后来其他作家以此书为根据而写成的作品中转录而来。1847 年,希涅得温(Schneidewin)曾将这些摘要编过,以后还有别的学者也曾从事编辑。读者如欲充分研究《雅典政制》一书的复原工作,宜求教于该书的标准注释家;这里仅将此书篇首缺文的断片录出。其他作家引用亚里士多德这几节的文章,经学者搜集的,现在用尖括弧〈〉插在原文中间,以补赫剌克勒得斯作品的空隙。〕

断片 1. 雅典人起初曾有一个王者政府②。当伊翁③来

① 公元前 170 年住在亚历山大里亚。——译者

② 王者政府,βασιλεία(Basileia),意为巴西勒斯(Basileus)对自由民的统率,依一般译法,即所谓王政;"巴西勒斯"通常译为"国王",在军事民主制时期,他是军事首领,现在译为"王者",后来到九执政官时,则译为"王者执政官",省去"国"字,以免误解。——译者

③ 传说的爱奥尼亚人的祖先。——译者

和他们一起居住之时，他们才第一次被称为爱奥尼亚人。

〈正如亚里士多德所说的，当他来居于阿提卡之时，雅典人才被称为爱奥尼亚人，而阿波罗才被称为他们的祖神。(Harpocration s.v. ’Απόλλων Πατρῷος.)①

雅典人尊敬祖先阿波罗，因为他们的军事执政官②伊嗡是阿波罗和克绪托斯之女③克勒乌萨的儿子。〉(Schol. Aristoph. Av.1537.)④

断片2. 潘狄嗡继厄勒克修斯而为王者，把他的领土分与诸子，〈阿勾斯得城堡及其附近地带，吕科斯得山区，琶拉斯得海岸，而尼索斯则得墨加剌地区。〉(Id. Vesp.1223.)⑤

断片3. 这些地区不断发生纷争；塞修斯⑥在一个平等一致的基础上宣布使它们统一起来。〈他用平等的条件来号召所有的人，据说有一句成语，“所有您们众人，都到这里来”⑦，就是塞修斯在其建立一个全民会议时所宣布的。〉(Plutarch,

① 此条见 Harpocration（亚历山大里亚的辞书编纂者，年代不详）的作品，标题是“祖神阿波罗”。——译者

② 波勒马耳科斯，Πολέμαρχος(Polemarch)，军事执政官，九执政官之一。——译者

③ 译者按，“女”字是英译者补的，英译者注云：“如果原文不是有意要删改传说，此处当有一个希腊文脱落。克绪托斯是伯罗奔尼撒王，娶雅典王厄勒克修斯之女克勒乌萨为妻，至克勒乌萨死，克绪托斯被逐；但克勒乌萨之子伊嗡则被召回帮助雅典和厄柳西斯作战，获得胜利，死而葬于阿提卡。”

④ 此条引自阿里斯托芬喜剧“鸟”的“注释”(Scholia)。——译者

⑤ 此条引自阿里斯托芬喜剧“马蜂”的“注释”。——译者

⑥ 传说为阿勾斯之子。——译者

⑦ 或许这是召集民众会会议时传宣者所用的成语；可和 ἀκούετε, λεῴ 比较（译者按：这是雅典公告的开端语，意为“啊，人民，静听无哗”）。

Theseus 25.)[1]

断片 4. 〈正如亚里士多德所说的，塞修斯是倾向于庶民的第一个人，而且放弃了君主制政府，甚至荷马，当其在船只一览中仅将“庶民”一语[2]应用到雅典人来时，似乎也就证明了这点。〉(Plutarch，ib.)[3]

断片 5. 〈……正如亚里士多德在他的“雅典政制”中所述及的那样，他在那里说：“他们依一年四季之例结合为四部落，每部落又分为三区，共得十二区，有似一年的月数，这些区被称为三一区[4]和胞族；每一胞族有氏族三十，有似每月的日数，每一氏族则包括三十人。”〉[5](Lexicon Patm. p. 152 Sakkel.)

断片 6. 塞修斯来到斯库洛斯，〈或许为的是他和阿勾斯有亲族关系而来视察此地[6](Schol. Vatic. ad Eurip. Hipp. 11)[7]〉，却被吕科墨得斯[8]摔到悬崖之下而死，因为吕科墨得斯害怕他会占有这个岛。但后来雅典人在波斯战争之后将他的遗骸运回。〈在波斯战争后，雅典人遵照神谕，将他的遗骸运回

① 此条引自波卢塔克的“塞修斯传”，25。——译者

② “伊利阿德”，II. 547。

③ 此条引自波卢塔克的“塞修斯传”，25。——译者

④ 特里提斯，Τριττῦς(Trittyes)，意为三分之一(Thirds)，指一个部落的三分之一，它和血缘关系的胞族不同，它具有地域的特点。——译者

⑤ 在公元前 510 年克勒斯塞涅斯改革后，有十部落，每部落分为三个三一区及十个或十几个村社，每一村社再分为胞族(其数不详)，胞族或许又分为氏族(译者按：在克勒斯塞涅斯改革后，部落、胞族和氏族均已失去先前的血缘意义)。

⑥ 阿勾斯为雅典之王，塞修斯之父，在任何神话中均与这个爱琴海的斯库洛斯岛没有关系。

⑦ 此条引自攸里辟底悲剧“希波利达士”的“梵蒂冈注本”。——译者

⑧ 斯库洛斯岛之王。——译者

埋葬。〉(Schol. 1.c.)[1]

断片 7. 王者不再由科德律斯[2]的家族中选出，因为他们被认为淫逸的，因而是柔弱的。但是，科德律斯族人之一，希波墨尼斯，打算消除这种耻辱，捕获一个和他的女儿勒摩尼通奸的人，把他和女儿一起绑在战车上而将他杀死，〔?“用他的牲口”来补过〕，将女儿绑在一匹马上，直到她死为止[3]。

公元前 620? **断片 8.** 库隆[4]图谋僭政，他的同伙已经逃匿到雅典娜神坛下了，却被墨加克勒斯党徒所杀。后来由于神明降祸，杀库隆同伙的人都被驱逐出境。

（抄本由此开始）

1 Ⅰ.根据弥隆的〈起诉，阿尔克迈翁尼代家族由一批陪审
公元前 599 官来审讯〉，他们皆由贵族中选拔而来，并隆重宣誓就任。渎神罪被判成立，罪人本身的尸体由他们的坟墓中抛出，他
公元前 596 们的家族被判永远驱逐出境。不久，克里特的厄辟迈尼得斯[5]来为城市净秽。

1 Ⅱ.以后就发生贵族和群众之间的党争，继续了一个很长

① 此条引自攸里辟底悲剧“希波利达士”的“梵蒂冈注本”。——译者

② 雅典之王，死于公元前 1068 年(据神话传说的年代)。

③ 公元前 722 年，阿提卡贵族废他的职而惩罚之。

④ 库隆出身贵族，夺取卫城，自为僭主。当卫城被围时，他逃走了。他的同伙被执政官阿尔克迈翁尼代家族的墨加克勒斯所欺诱而投降，墨加克勒斯允许保全他们生命，但终于把他们杀死。从下面的原文看来，大概惩罚这种渎神罪的运动，只是在墨加克勒斯已死且已埋葬之后才发动起来。

⑤ 一个半神话的预言家和诗人，据说是克里特人。——译者

的时期。因为雅典宪法完全是寡头政治的，贫民本身以及他们 2
的妻子儿女事实上都成为富人的奴隶；他们被称为被护民①和
六一汉②(因为他们为富人耕田，按此比率纳租③，而全国土地
都集中在少数人手里)，如果他们交不起地租，那么他们自身和
他们的子女便要被捕；所有借款都用债务人的人身为担保，这
样的习惯一直流行到梭伦之时为止：梭伦才第一个成为人民领 3
袖④。所以在群众眼中，宪法上最残酷和苛虐的部分就是他们
的奴隶地位；当然，他们对于每一件别的事也一样感到不满，因
为他们觉得他们自己实际上什么事都没有参与。

III.德拉科以前的古代宪法如下。国家高级官吏之任用都以 1
门第和财富为准；而且他们最初是终身职，后来方改为十年一任。2
最高和最早的官职是王者执政官、军事执政官和执政官⑤。其中
以王者执政官为最古，因为它是祖上留传下来的。第二个设置的
官职是军事执政官，这是因为有些王者在战争中表现得怯懦无能
才加增的(这就是为什么雅典人在一次危急事件中要召唤伊嗡来

① 被护民，Πελάτηs (Pelatae)，近似于一种依附之人，后来此字在希腊文中用作被护民(cliens)之意。

② 六一汉 ἑκτημόριοι(Hectemori)，意为六分之一者，但学者多主张此为交租六分之五，自余六分之一的佃户，见 F.G.刻泥嗡注释(“亚里士多德全集”，牛津版，第十卷，“雅典政制”)。——译者

③ 同上。——译者

④ 人民领袖，προστάτηs τοῦ δήμου (Leaders of the people)，这大概已经成为一种官衔，可参阅章 XXVIII。

⑤ “王者”，原文是“巴西勒斯”(βασιλεύs)，通常译为“国王”，即军事首领；军事执政官，原文为“波勒马耳科斯”(πολέμαρχos)，是军事长官，皆为执政官职(’Aρχovτεs)之一，但只有首席执政官，即名祖执政官(’Aρχωv ἐπώνυμos)，才称为执政官(ἄρχων)。——译者

3 帮助他们的理由①)。这三个官职中最后一个设置的是执政官,此职建置的年代,大多数权威学者都认为在墨冬②时期,虽则有的却把它定在阿卡斯图斯③之时,其证明是,九执政官宣誓时皆言,他们将正像阿卡斯图斯之时履行他们的誓言云云,可见到了阿卡斯图斯时代,科德律斯家族让出王者的职位,而得到加诸执政官的相应的特权④。无论哪一种说法正确,建置的年代总不至于有多大的差异;但是,执政官不像王者和军事执政官那样担任任何祖传祭典,而只执行后来新添的职务,这一事实也可以说明执政官一职在这三种官职中是最后建置
4 的;也正是因为这个理由,到了晚近时期,这些新添的职务
公元前83 增大时,执政官职位才也重要起来。许多年之后,到了官职选举已经改为一年一次之时,才选举司法执政官⑤,他们所执行的职务是公开记录法令和保存法令以供审判争讼者之需;所以在高级官吏中只有司法执政官一职的任期从未超
5 过一年。这些便是各种高级官职建置年代间隔的情形。九执政官并不住在一起⑥,王者执政官的所在地就是普律塔涅嗡⑦附近,现在称为部科利嗡⑧(有这样的事实可以证明,甚至

① 参阅上文断片1。

② 科德律斯(见上文断片7)之子,为终身执政官。

③ 墨冬的继承者。

④ 意即王者的特权。——译者

⑤ 司法执政官(Θεσμοθέται),这是六个后辈执政官,亦即法官。

⑥ 指他们的官邸和法庭。

⑦ 普律塔涅嗡,πρυτανειôν(Prytaneum),位置不能确定(译者按:此为主席厅,亦即市政公所,可参阅XXIV.第三个注)。

⑧ 部科利嗡,Βουκόλιον(Bucolium),其余不详。

到了现在，王者执政官之妻和狄俄泥索斯的婚配①还在那里举行)，执政官住在普律塔涅嗡，军事执政官在厄辟吕刻嗡(这在以前通常称为波勒马耳刻嗡②，但因厄辟吕科斯担任军事执政官时曾重建和装备这个官邸，所以改名为厄辟吕刻嗡)；而司法执政官则占有塞斯摩塞忒嗡③。但是，到了梭伦时代，他们就一起都到塞斯摩塞忒嗡来了。他们对于讼案并且有权作最后判决，而不是像现在那样只进行一度预审。关于高级官职的规定便是这样。阿勒俄琶菊斯议 6
会④职掌保护法律，但事实上它管理最大多数的和最重要的国事，对于违反公共秩序的罪人，不用控告，就可以课以刑罚或罚金；这是因为各执政官的选举既以门第和财富为准，而阿勒俄琶菊斯的成员又是由曾任各执政官的人组成，而且因此之故，这一官职甚至到了今天还是终身职。最初宪法的大概情形便是这样。

IV. 此后经过一段不很长的时期，到了阿里斯忒克穆斯担任 1 公元前621
执政官时，德拉科制定了他的法典⑤，其制度如下：凡能自备武装 2

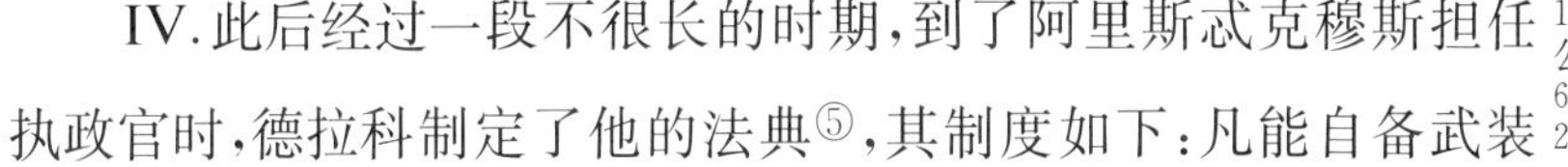

① 这是一年一度的典礼，举行典礼时，狄俄泥索斯神被认作一雅典人，王者之妻则化身为他的配偶，在他的庙里过一夜。

② 波勒马耳刻嗡，πολεμαρχεῖον，意即军事执政官的官邸。——译者

③ 塞斯摩塞忒嗡，Θεσμοθετεῖον，意即法庭或法官的官邸。——译者

④ 阿勒俄琶菊斯议会，ἡ βουλὴ ἡ ἐξ Ἀρείου πάγου，为雅典最古的议事会，以Ἄρειος πάγος(阿勒俄山，或战神山)得名，事实上即贵族会议。——译者

⑤ 德拉科大概是司法执政官之一，那时的名祖执政官是阿里斯忒克穆斯。关于德拉科的立法，可参阅“政治论”1274b15以下；那里说到他“将他的法律来配合现行的宪法”。

的人有公民权利，这些人进行选举，九执政官和一些司库官①由财
产不少于十明那②且无负累的人们中选出，其余低级官吏由能够
自备武装的人们中选出，司令官和骑兵司令则由财产不少于一百
明那又无负累且有年在十岁以上婚生合法儿子的人们中选出。新
任官吏必须允许卸任的主席③、司令官和骑兵司令在账目检查以
3 前交保离职，接受和司令官及骑兵司令同等级的四个保证人。议
事会议员由公民集团中抽签选举，凡四百零一人，这种议事会成员
和其他官吏的抽签均以年在三十岁以上的公民为限；直到每一人
都已轮到，且从头开始抽签之时为止，任何人不得连任官职。当议
事会或民众会举行会议时，任何议事会议员如不出席，属五百斗级
者，罚金三德剌克马，属骑士级者，二德剌克马，属双牛级者，一德
剌克马④。阿勒俄琶菊斯议会是法律的保护人，它监督各长官，使
4 之按照法律执行职务。一个人如受到不公正的待遇，便可向阿勒
ii.2 俄琶菊斯会议提出申诉，说明他所遭受的这种不公正待遇所违反
的法律。正如上面所说及的，借款是以人身为担保，而土地则集中
在少数所有者手里。

1 V. 宪法的制度便是这样，多数人被少数人奴役，人民
2 起来反抗贵族。党争十分激烈，各党长期保持着互相对抗
公元前594? 的阵势，直到后来他们才共同选择梭伦为调停人和执政官，

① 关于雅典娜司库官（ταμίας，the Treasures），可参阅 XLVII. 1。

② 约合四十磅。

③ 主席，πρυτάνεις (Prytanes)，在梭伦时代之前，大概这是指各执政官。

④ 参阅 VII. 3。一德剌克马（约 0.95 或 1 法郎）是一明那（约合四磅）的百分之一。

把政府委托给他，这就在他写成一首哀歌①之后不久，那首哀歌开头说：

我注目凝视，而悲哀充溢着我的心，

这爱奥尼亚最古老的地方竟至陷于绝境，——

在这首诗里，他以仲裁者身份，代表每一方以与对方斗争，而后劝告他们共同停止他们之间方兴未艾的纷扰。梭伦就门第和 3
名誉而言，皆属一等，但依财富和地位而论，则仅属于中等阶级，这不但为其他权威者所承认，而且他自己在一些诗中也证实，那些诗劝告富有者不要贪婪无厌：

你们这些财物山积，丰衣足食而且有余的人，

应当抑止你们贪婪的心情，压制它，使它平静：

应当节制你们傲慢的心怀，使它谦逊，

不要以为要什么就有什么，我们决不会永远服从。

的确，他常常为内争而责难富有者；所以在哀歌的开端，他说，他害怕那

溺爱钱财和骄傲不逊——，

暗示着这些便是引起仇恨的原因。

VI. 当梭伦一成为政事的领导者的时候，他就禁止以人 1
身为担保的借贷，一举而永远地解放了人民，他又制定法律，下令取消公私债务，其法案②曾以“解负令”③闻名，意即

① 关于这些梭伦的诗，可参阅 Edmonds, Elegy and Iambus (Loeb classical Library 本)，第一卷，第 104 页以下，特别是第 120—121 页，142—143 页和 148—153 页。

② 法案的实际条款如何，完全不能确定。

③ “解负令”，原文为“塞萨克忒阿”，σεισάχθεια（σείω＝解除，ἄχθος＝负担）。——译者

2 人民卸下他们的重担。有些人想用这些事情来毁谤梭伦；
事实是这样的，当梭伦要制定解负令时，他曾预先告诉一些
贵族，后来，像同情平民的人所说的那样，他被他的朋友以
谋胜算了，但打算毁谤他的人就说他自己也取得一份。因为这
些人借了钱，买来许多土地，等到不久以后实行取消债务
时，他们都成了富翁；据说后来以祖传财富闻名的那些家
3 族①就是起源于此。然而，同情平民者的说法是较为可靠
的；因为，如果考虑到，他在别的行动中是那样的谦逊而有
从公精神，以至于当他有机会使两党之一听命，自为城市僭
主之时，他仍然宁招两方之怨，视国家的荣誉和安全尤高于
4 他自己的崇高地位，那么说他竟然会以这等不值得的细节
自污，当然是不可能的事。他有这样的机会，不但可以从当
时纷乱局势得到明证，而且他自己在他的诗中许多地方都
提到过，而这是大家所同意的。所以我们必须认为攻讦梭
伦之说是错误的。

1 VII. 于是他创立一个新的宪法，制定一些新的法律，德
拉科的法令，除了有关杀人犯的以外，已不复为人所遵守
了。法律写在牌子②上，牌子立在巴西勒斯柱廊里，所有的
人都发誓遵守法律；九执政官通常是对那块石头③宣誓，说

① 这显然是指某些显贵家族，而不是暗示其他的家族。

② 这是一些这样的建筑物，中心是枢轴，外围环绕着三面的（也可能是四面的）木板（也可能是石板）；这些建筑物竖立在巴西勒斯柱廊（The Stoa Basilike）上，亦即在市场（Agora）西部的王者执政官的宫廷里。

③ 或许就是市场里宙斯的神坛（The altar of Zeus Agoraios）。（参阅LV. 5。——译者）

他们如果违反任何一条法律，就得奉献一个黄金人像；因此
之故，他们甚至现在还用这样的誓言来宣誓。梭伦决定，这 2
些法律要实行百年不变。下面就是他所创立的宪法：他依照 3
以前人民的分等，按财产估价把人民分作四个等级，五百斗者、
骑士、双牛者和日佣①，各种官职，如九执政官、司库官②、公卖
官③、警吏④和国库监⑤，他分配给五百斗者、骑士和双牛者三
级，按各级的财产估价比率，指定以相应的官职⑥；至于列在日
佣等级的人，他只允许他们充当民众会和法庭⑦的成员。任何 4
人的地产产品共有五百干质斗和流质斗者⑧，应评估为五百斗
级，而有三百斗者，或如一般人所说的，能保养匹马者，应评估
为骑士级——人们认为这一级的名目本身便可证明它是由养
马而来，此外还有古人誓愿献礼一事可为佐证；因为卫城里竖
立着献礼的狄腓卢斯的雕像⑨，上边刻着这样的诗句：

狄腓卢斯之子安塞密嗡献这个像给神

……他已经变日佣级为骑士了——

---

① 五百斗者(πεντακοσιομέδιμνοι，πενταχόσιοι＝500，μέδιμνος＝谷斗，约合12加伦)及骑士(ἱππεία)详见下文(VIII. 4)；双牛者(ζευγίται，由ζεῦγος＝“双”而来)谓能畜养一对牛之人；日佣(θῆτες)原意为佣工，此处指财产不及二百麦斗之人。——译者

② 司库官，ταμίαι，参阅XLVII. 1。

③ 公卖官，πωληταί，参阅XLVII. 2。

④ 警吏，ἕνδεκα，参阅LII. 1。(按字意为“十一”。——译者)

⑤ 国库监，κολακρέται，初理财，后仅职掌监督财政。——译者

⑥ 例如九执政官仅最高两级可任。——译者

⑦ 法庭，δικαστήριον，指陪审法庭(Jury-courts)，详LXIII. 1以下。——译者

⑧ 也就是说，麦斗、酒斗和油斗共计为五百斗。

⑨ “狄腓卢斯”大概是记错了；这个雕像似乎是安塞密嗡本人的。

在雕像的旁边还立着一匹马，可见“骑士”是指能够保养匹马的那个等级。然而更可能的是，骑士也像五百斗级那样，是以他们的产品总额来作区别的。凡有干质、流质一起共二百斗的人，应评估为双牛级；其余则属于日佣等级，不得担任任何官职：因此，甚至到了现在，任何人当抽签充任某一官职时，问他属何等级，他也绝不回答说他属日佣级①。

1 VIII. 梭伦规定，国家的官职应先由各部落分别投票预选候选人，然后就这些候选人中抽签选举。以九执政官而言，每一部落先行预选十人，然后就这些人中抽签选举②；因此现在各部落还残存一种制度，每一部落抽签选举十人，然后就这些人中再行抽签选举。梭伦规定按财产等级抽签选官，这一点在至今仍在实行的司库官法律中可以得到证明；这种法律规定，
2 司库官要从五百斗级中抽签选举③。这就是梭伦所制定的关于九执政官的法律；在古代则不然，阿勒俄琶菊斯议会往往发布传达，自行选举胜任每种官职的人，而委任他任职一年④。
3 部落仍旧有四个，并有四个部落王⑤。每一部落分为三个三一

---

① 显然地，这时财产资格虽未正式取消，但已被弃置不顾了。

② 也就是先由四部落投票选举，共四十人，九执政官则就此四十人中抽签选出；唯在亚里士多德之时，预选亦已改用抽签法，且由十部落选出，共一百人。

③ 在亚里士多德时代，这种规定已成具文，参阅 XLVII. 1，便可知道，那里说，一个人即使很穷，中签仍可上任（F. G. 刻泥嗡注）。

④ 这一记载很重要，因为在梭伦以前，执政官和其他官吏到底如何指派，我们一无所知。由阿勒俄琶菊斯议会选官一事，大概早在科德律斯的最初几个继承人时就已开始，一直继续到德拉科改革之时为止，经过这种改革，凡能自备武装的人都有选举权，而官吏大概从此就在民众会中选举了（F. G. 刻泥嗡注）。

⑤ 部落王，Φυλοβασιλεῖς，即部落巴西勒斯。——译者

区和十二个造船区①，每一个造船区设有一种官职，称为造船
区长，职掌监督征税和开支；所以在今已作废的梭伦法律中，常
常可以看到“造船区长征收”和“支付造船区基金”的条款。梭
伦又创立一个四百人议会，每部落一百人，但他仍然把保卫法 4
律的职责授予阿勒俄琶菊斯议会，这个议会仍旧是宪法的监察
人，它监督最大多数的和最重要的国家大事，惩处罪人尤其有
最高的权力，无论是罚金或是判刑，它又可以任意将罚金收入
补偿卫城的开支，而不用说明开支的理由，它又可以审讯阴谋
推翻国家之人，虽则梭伦对于这样的阴谋者已经定下了法律。5
他看到国家经常处在党争状态，而有的公民竟然漠不关心国
事，听任自然，因此他制定一种特别法律对付他们，规定任何人
当发生内争之时，袖手不前，不加入任何一方者，将丧失公民权
利，而不成为国家的一分子。

IX. 梭伦在国家官职方面所施行的改革，实质就是这 1
样。在梭伦的宪法中，最具民主特色的大概有以下三点：第
一而且是最重要的是禁止以人身为担保的借贷，第二是任
何人都有自愿替被害人要求赔偿的自由，第三是向陪审法
庭申诉的权利，这一点据说便是群众力量的主要基础，因为 2
人民有了投票权利，就成为政府的主宰了。而且法律条文，
有似继承法和女继承人法那样，并不简洁明白，于是很多纠
纷不免发生，而陪审法庭便因之成为一切公私事情的公断

① 造船区（瑙克剌里阿，ναυκραρίαι）是国内分划以便征税的四十八个行政区，每区须担负制备一艘战舰的费用。造船区的主席是造船区长（ναύκραρος——译者按：原意为“船长”）。每四个造船区组成一个三一区，一个部落有三个三一区。

人。所以有些人甚至认为梭伦有意把法律弄得含糊，以便使人民有最高权力作出判决。但这是不正确的——或许那是因为他不可能在一般的条文中给理想下定义；如果单从今天所发生的事情研究他当日的意图，而不从他的宪法的其他方面来作判断，那是不公平的。

1 X. 这些便是梭伦所制定的具有民主性质的法律；在他立
法之前，他的民主改革是取消债务，而以后则是提高度量衡制
2 和币制的标准。因为就在他的时代，标准变得比斐冬①的大，
一个明那，原来重七十德剌克马②，被扩大为整整一百③。古代
的标准钱币是两德剌克马一个。梭伦又适应币制而制定衡制，
一塔楞特重六十三明那，而斯塔忒尔④和其他衡制亦按照这样
增加三明那的比例，分别增加⑤。

1 XI. 当梭伦完成上面所述的宪法时，人民时常来找他，并且为着他的法律而使他感到烦恼，批评这些，问问那些；他既然不愿变更法律条文，又不愿居留而受谤，所以旅行埃

---

① 斐冬，Φάδων，阿耳戈斯的国王，或许当公元前七世纪初年，参阅“政治论”，1310b 26。他的币制和衡制标准流行于大部分希腊地区。

② 即指七十新德剌克马：德剌克马钱币价值也提高，所以七十新的可以等于一百旧的德剌克马。

③ 梭伦用优卑亚币制来代替伊齐那的币制。每一明那按其标准合一百德剌克马，但伊齐那币一明那，以优卑亚币计，仅等七十德剌克马(F. G. 刻泥嗡注)。(优卑亚币较轻于伊齐那币，同为一明那，前者仅等于后者的百分之七十。——译者)

④ 斯塔忒尔，δτατήρ，重为一明那的五十分之一。

⑤ 塔楞特(τάλατο’，talent)提高十二分之一；每一塔楞特仍为六十明那，但实际上即等于旧制六十三明那，其他较小货币单位，如斯塔忒尔(等于四德剌克马)，均按此比例增加(F. G. 刻泥嗡注)。

及，以经商和游览该地为目的，声明十年之内，将不回来，因
为他认为他没有义务留下来解释他的法律，大家应该遵从
他所写的法律条款。而且这时他的境遇也很不顺适，很多 2
贵族因为他取消债务而和他不睦，而两派亦都因调处结果，
大失所望，改变对他的态度。因为人民期待他制定法律，重
新分配一切财产，而贵族则希望他或则恢复以前的制度，或
则只是略加变更；但梭伦双方都不讨好，尽管他如果随意袒
护一方，就有成为僭主的可能，他却宁愿遭受双方仇视，而
采取曾是最优良的立法，拯救国家。

XII.对于上述情形，不但大家的看法都一致，而且梭伦自 1
己在诗[①]中也这样说：

我所给予人民的适可而止，
他们的荣誉不减损，也不加多；
即使是那些有势有财之人，
也一样，我不使他们遭受不当的损失；
我拿着一只大盾，保护两方，
不让任何一方不公正地占据优势。

他又说应当怎样对待群众： 2

这样，人民就会好好追随领袖，
自由不可太多，强迫也不应过分；
富厚如属于没有教养的人们，
餍足就要滋生不逊。

---

① 参阅V.2，注。

3 在另一地方，他说到希望分割土地的那些人：

他们为劫夺而来，欲望无有止境，
每一个都想望获得无穷的财富，
而我，言语温存，暗里却心肠坚硬。
他们的幻想狂妄而终于落空；于是对我激起怒火，
瞪着眼睛看我，视我如仇——
错了：我应允之事，得天之助，都已完成，
至于其余，不能作无谓冒进；
用僭主力量希冀成功，我所不乐，
亦不愿让君子与小人在我们祖国竟然享有同等的一分沃土。

4 他又说到取消债务，说到本为奴隶而在实行解负令后得到自由的人们：

在我团结人民去谋求的一切目的中，
有什么我还没有做到？
在时间的裁判席面前，
那奥林帕斯诸神的伟大母亲，
黑土，将是最好的证人，
因为正是我，为她拔掉了树立着的许多界标①：
以前她曾是一个奴隶，而现在已经自由。
许多被出卖的人们，
我已使他们回到这神所建立的雅典，

① 亦即抵押地产的标志。

其中有的无辜被售，也有的是因故出卖；
有的为了可怕的贫穷所迫，逃亡异地，
不复说他们自己的阿提卡言语，远方漂荡，
也有的惨遭奴隶的卑贱境遇，甚至就在家乡，
面临着主人的怪脾气发抖，我都使他们解放。
我使这样的事情普遍流行，
调整公理和强权，协和共处，
这样我应允的事都已一一完成。
我制定法律，无贵无贱，一视同仁，
直道而行，人人各得其所。
果是别的人代我执着鞭策，
他，这不智与贪婪，又哪能抑制人民！
因为如果我有时让敌对的两党之一得意，
而有时又令另一党欢欣，
这个城市就会有许多人遭受损失。
所以我卫护两方，
进退维谷，有如孤狼在一群猎狗之中！

后来两方不满，各有怨言，他又责骂他们：

如果坦率地说，我必须责备人民，
他们连在睡梦中也看不到
他们现在所已有的这些事情……
然而所有伟大而有权势的人
都会赞美我，把我当作朋友；

因为——他又说——如果别的人取得这样的职位，那么，

他就不会抑止人民，也不会自制，
直到他搅乱了事情，掠夺了乳酪；
然而我，在他们的武装对垒群中，
立起了一根分隔两方的柱子。

1 XIII. 为了这些理由，梭伦就旅行出国了。他出国之后，城市
公元前589? 虽然还在扰攘不宁，但大家保持和平相处，度过四年；到了梭伦执
政后的第五年，由于发生党争，他们选不出一个执政官了，再过五
公元前595? 年，因为同一原因，他们又设有执政官一职。此后又过一段同样长
2 的时期，达马西阿斯当选为执政官，他占据此职两年又两个月，直
公元前581? 到后来被迫离职为止。之后，由于内争，他们决定选举十个执政
官，五个选自贵族，三个选自农民，两个选自手工业者，这些人在达
公元前579? 马西阿斯以后的那一年任职。这说明执政官的权力很大；因为我
3 们发现，他们常常为着这一官职而进行党争。他们继续处在内部
普遍混乱的状态中，有的人以取消债务作为他们骚乱的诱因和口
实（因为取消债务使他们变成贫民），也有的人因为发生巨大变动
4 而不满宪法，还有的人则由于他们互相敌视。党派有三：其一为海
岸党人，以阿尔克墨翁之子墨加克勒斯为首，据说他们的目的在于
创立一种中庸的宪法；另一个是平原党人，他们要求成立寡头政
治，其领袖是吕库耳菊斯；第三个是山地党人，以珀西斯特剌图斯
5 为首，他被看成是一个极端倾向人民的人。还有两部分人也归到
这一党来，一是债权被剥夺者①，他们的动机是贫穷，一是血统不
纯者，他们的动机是恐惧；有一件事可以为证，后来僭主被推翻时，

① 即由于梭伦立法的结果。

雅典人重修公民册，因为许多没有公民权利的人也得了公民权。各党派的名字是由它们土地所在的地区而来的。

XIV. 珀西斯特剌图斯被视为一个极端的人民倾向者，且 1
曾在对墨加剌战争①中赢得很高的声誉，他利用这些条件，用
自己的手弄伤自己，然后佯称这是乱党分子所为，通过阿里斯
堤嗡的动议，劝诱人民准许他设置卫士。于是他得到一些侍
卫，称为持棒者，靠这些人的帮助，他来反对人民，并在科墨阿
斯担任执政官的那一年，即梭伦立法后第三十二年，占领了卫 公元前560
城。据说，当珀西斯特剌图斯请求设置卫士时，梭伦曾反对这 2
个请求，并且说，他比某一些人更聪明，而比另外一些人更勇
敢——比那些不懂得珀西斯特剌图斯目的在于实行僭主政治
的人聪明，而此那些虽然懂得此事但却缄口不言的人们勇敢。
可是，当他的说法不能发生作用时，他就拿出他的铠甲，放在门
前②，说他已竭尽智能以助国家（因为他现在已是一个高龄老
人了），并要求他人也这样做。梭伦的努力在这时是无效的；珀
西斯特剌图斯夺得政权之后，便以宪法形式，而不采取僭主作 3
风，处理公共事务。但是，当他的政府还不够稳固的时候，墨加
克勒斯和吕库耳菊斯的党人便联合起来，在他第一次建立政权 公元前556
后的第六年，即赫革西阿斯担任执政官的那一年，把他赶走了。
此后第十二年，墨加克勒斯苦于党争，向珀西斯特剌图斯提议， 4
在后者同意和他女儿结婚的条件下，用一种十分古老但非常简

① 或许即公元前570年的战事，那次战争是以雅典夺得尼塞亚（Nisaea）而结束的。

② 大概这是为了给青年人使用的。

单的方式，使珀西斯特剌图斯回来。他事先散播谣言，说雅典娜将带领珀西斯特剌图斯回家，然后找一个身高而貌美的妇人，据希罗多德[①]说，这是派阿尼阿村社的一个成员，而据别的说法，她是科吕堤斯的一个色雷斯卖花女，名费厄，把她装得像个女神样子，使她和珀西斯特剌图斯共同入城，珀西斯特剌图斯和这位站在身旁的妇人一起，驱车直入，城中人民惊异着，虔敬地迎接他们。

1 XV. 珀西斯特剌图斯第一次回来，就是这样。但是他掌
公元前539? 握他的权力并不很久，在他回国后约七年，他又第二次被赶走
了，因为他不愿和他的妻子，墨加克勒斯的女儿，相处下去，因
而畏惧两党，暗中引退；起初，他在塞耳迈湾附近名为赖刻卢斯
2 的那个地方组成一个殖民地，然后由这里继续进至潘该乌斯山
公元前528? 附近，他在那里发财致富，并雇佣兵士，十一年后，到厄勒特里
阿来，才打算以武力恢复他的权力，有一部分人，特别是塞拜斯
3 人、那克索斯的吕格达密斯以及控制厄勒特里阿政府的骑士们
都支持他。在琶勒尼斯[②]一役获胜后，他便占领政府，并解除
人民武装；现在他已能稳定地握住僭主政权，并且取得那克索
4 斯，以吕格达密斯为统治者。他解除人民武装的方法是这样
的：他在塞修斯庙举行一个武装的阅兵式，因而举行一次民众
会，他把说话声放低一些，当人们喊着听不到时，他便请他们走
上卫城的进口处来，使他的话能够听得更清楚些；于是他尽量

① I. 60。
② 琶勒尼斯村社，在雅典东北，是奉祀雅典娜・琶勒尼斯的地方。

花费时间，发表演说，而他所预先布置好的人便把武器[1]收集
起来，锁藏在塞修斯庙附近的房屋里，而后进来通知珀西斯特 5
剌图斯。他把剩下的话说完后，就告诉他的听众，不必因为他
们的武器事感到奇怪，也不用惊慌，只要回去干自己私人的事，
一切公事可由他来管。

XVI. 珀西斯特剌图斯僭主政治最初建立的途径便是这 1
样，这个僭主政治所经历的一系列变化，也便是这样。如上所 2
述[2]，珀西斯特剌圆斯处理国政是温和的，而且是具宪法形式
的，而不是僭主的；他每事仁慈温厚，对待犯法的人尤其宽大，
并且拨款借贷贫民，以供他们产业之需，使他们能够依靠农耕， 3
以自赡养。他这样做，有两个目的，既防止他们逗留城市，而使
之散居乡村，又令他们有小康之产，忙于自己私事，而不愿意，
也没有时间来留心公众事情[3]。而且由于土地得以充分耕耘， 4
他的收入也有所增加；因为他抽取产品的什一之税。为着同一 5
的理由，他又设立地方法庭[4]，并且常常亲自下乡巡视，调查争
执，解决纠纷，以免人们进城，荒废农事。据说，一个于墨图斯
人的事——他所耕的田后来称为“免税田”——正是发生在珀 6
西斯特剌图斯某次巡行的时候。他看见一个人耕田，挖掘出来
的都是石头，他很惊异，就命令他的奴仆去问，这块田地到底生

---

① 当珀西斯特剌图斯开始演说时，公民已将武器叠架起来，到他们走上山时，武器就留在后面。

② 见 XIV. 3。

③ 这种政策在“政治论”1311a13，1318b6，1319a30，1320b7 中，有一般的说明。

④ 参阅 XXVI. 3，LIII. 1。

长什么谷物;那个人说,“有的就是疼痛和苦楚,而这些疼痛和
苦楚,一定让珀西斯特剌图斯也抽去什一”。这个人在回答的
时候,并不知道问者为谁,可是,珀西斯特剌图斯喜欢他说话坦
白,工作勤苦,所以就允许这个人豁免一切租税。对于别的一
7 切事情,在他统治时期,他也不与大众为难,总是致力和平,保
持安靖;因此人们常常说,珀西斯特剌图斯的僭主政治是克洛
诺斯的黄金时代;因为后来他的儿子继任的时候,政府就严酷
8 得多了。在人们说到他的一切事情中,最重要的一点便是他倾
向人民,性情温厚。他愿意一切按照法律行事,不使自己有任
何特权;特别是有一次,他被控犯杀人罪,传他到阿勒俄琶菊斯
受审,他也亲自出庭,自行辩护,而传讯的人怕了,反而离开了。
9 这样,他所以能够长期保持他的职位,每次被人推翻,也都易于
恢复。因为大多数贵族和一般人民都愿意他统治,他以殷勤厚
待,博得贵族拥护,又以帮助人民私事,获取他们好感,所以他
10 对两方都讨好。而且当时雅典所实行的关于僭主的法律也是
温和的,特别是其中涉及建立僭主政治的那一条。条文如下:
“这是雅典的法令和祖宗原则:任何人为了达到僭主统治目的
而起来作乱者,或任何人帮助建立僭主政治者,他自己和他的
家族都应被剥夺公民权利。”①

1 XVII.因此,珀西斯特剌图斯在职终老,到了腓罗涅俄斯
公元前528 担任执政官的那一年,即他第一次自立为僭主后的三十三年,

① 本节(10)是否确为原文,是很有问题的。

得病死了，但是，他在职仅仅十几年①，因为其余期间，他是在 2
流亡之中。曾经有个故事，说珀西斯特剌图斯是梭伦的嬖人，
说他曾在收复萨拉密斯而对墨加剌战争中统率过军队，这显然
是荒谬的，因为只要算一算两人的岁数，对一对每个人去世时
的年名执政官，就可以明白，就他们的年龄说来，那是不可能
的。珀西斯特剌图斯死后，他的儿子们掌握政权，采取同一方
式处理国事。他有两个儿子，希辟阿斯和希琶耳库斯，是他的
元配所生的，另外两个，伊俄丰和赫革西斯特剌图斯，诨名塞塔 3
卢斯，是他的阿耳戈斯妻子所生的。因为珀西斯特剌图斯曾在
阿耳戈斯娶一妻，名提摩那萨，她是阿耳戈斯人戈耳隔卢斯的
女儿，以前本来是阿谟布剌客阿人库普塞利德家族阿耳客努斯
的妻子。珀西斯特剌图斯和阿耳戈斯很友好，原因就在于此，
琶勒尼斯之役②，赫革西斯特剌图斯曾率领一千阿耳戈斯人为
他作战。他和阿耳戈斯妇人结婚的时期，有的人说是在他第一
次流亡之时，也有的认为在他任职的时期。

XVIII. 现在国事由希辟阿斯和希琶耳库斯二人当权，因 1
为他们二人年事相若，地位也相近，但希辟阿斯居长，且有政治
家风度，又生性聪敏，所以政府实际上控制在他的手里；希琶耳
库斯则为人风流倜傥，喜爱文学：他曾经邀请阿那克勒翰和西
摩尼得斯以及其他诗人到雅典来。塞塔卢斯比较年轻得多，平
日生活鲁莽霸道，这也就是他们这一家族一切不幸的源泉。因 2

① “政治论”，1315b31，说是“十七年”。

② 参阅 XV. 3。

为他曾爱恋哈尔摩狄乌斯，屡求亲近，往往无成，愤怒感情，不
能自制，竟然从种种方面暴露出来，最后，哈尔摩狄乌斯的妹妹
将在泛雅典娜节日游行的行列中充当一个提篮女郎[①]，塞塔卢
斯力加阻止，所持理由是侮辱哈尔摩狄乌斯，说她生活近似女
流；哈尔摩狄乌斯在盛怒之下，便和阿里斯托革同以及一批同
3 谋者[②]一起，进行他们的阴谋。到了泛雅典娜节日，他们已经
公元前514? 在卫城上守候希辟阿斯的时候（那时希辟阿斯在迎接行列，而
希琶耳库斯在指挥行列出发），看见他们的一个同谋者正在和
希辟阿斯亲切交谈。他们以为这个人是在告密，所以打算在被
捕之前先干起事来，于是他们走下去，不等他们的同谋者，就马
4 上发动，当时希琶耳库斯正在勒俄科勒乌谟[③]附近安排游行的
行列，就被杀了。这样就破坏了全部阴谋计划。两个阴谋者
中，哈尔摩狄乌斯立即被持枪手所杀，阿里斯托革同则被逮捕，
经过长期刑讯折磨，后来才死。在严刑胁迫之下，他说出许多
出身贵族且为僭主朋友的名字来，说他们是同谋者。僭主并不
能立即找到阴谋的线索，有一种流行的说法是希辟阿斯曾下令
行列中人放下武器，并且搜索其中暗藏短刀的人，这种说法是
不正确的，因为当时在行列中不允许携带武器行走，这种习惯
5 只是到了后来民主政治时才建立起来的。据同情人民方面的

① 篮子由一个名门望族的少女来拿，篮中放着一些宗教仪式的用品。

② 修昔的底斯（VI. 56. 3）云“无多”。（按修昔的底斯所记肇祸者是希琶耳库斯，而不是塞塔卢斯。——译者）

③ 勒俄科勒乌谟，Λεωκόρειον，这是纪念勒俄斯三个女儿的庙，她们曾遵照神谕，在战斗中冲入敌人队伍，舍身以卫国家。

看法，阿里斯托革同之所以归罪僭主朋友，目的在于使僭主杀戮无辜，加害自己朋友，因而陷于不敬神明，且亦削弱自己力量，但别的方面则说他所提名并非出自虚构，而是揭发了他的
真正同谋之人。最后，当他竭尽全力而仍不能求得一死之时，6
他就答应告发更多的人，欺诱希辟阿斯给他以其右手，以示诚意，但当握住希辟阿斯的手时，他又嘲笑希辟阿斯，说他竟然和杀自己兄弟的凶手握手，这样就激怒希辟阿斯，使其不复自制，立即拔出短刀，把他杀了。

XIX. 自此以后，僭主政治开始变本加厉；希辟阿斯为着替 1
他的弟弟报仇，处死和流放了许多人，结果他自己变成一个多
疑和苦恼的人。希琶耳库斯死后约四年，城市情况日趋恶劣，2
乃至于希辟阿斯要在穆尼客阿①设立城堡，打算将自己的家迁 公元前511
到那里去。当他正在进行这件事的时候，他就被斯巴达的国王
克勒俄墨涅斯赶走了，因为神谕常常煽动斯巴达人去推翻僭主 3
政治，原因如下。以阿尔克迈嗡尼代家族为首的流亡者们，没有他人帮助，单凭他们自己的力量，始终不能够回国，他们的意图不断遭到失败；除别的业已完全失败的计划外，他们并且曾在国内琶耳涅斯山坡建立了勒普绪德里嗡②堡垒，有些住在城内的他们的朋友也出城和他们联合在一起；但是，他们终于又被僭主围攻和驱走了，因此，他们后来常常在他们唱着的轮唱歌里提到这一次的灾难：

---

① 这是城南滨海的一座山，控制着拜厄里斯港和其他两个海港。

② 勒普绪德里嗡，Λειψύδριον，这个名字意指“涸泉”。琶耳涅斯是阿提卡东北的一座山。

> 哏吓，你这不忠实的勒普绪德里嗡啊！
> 你断送掉多么伟大的英雄好汉的生命啊！
> 是真正的爱国者，是英勇的斗士，
> 他们无愧于他们所自出的祖先啊！

4 他们在一切别的方面都失败了，于是他们就立约来建造特尔斐
神庙[①]，得一笔钱用来取得斯巴达人的援助。每当斯巴达人来
求神谕时，皮西阿的女巫[②]总是谕令他们，解放雅典，一直到使
斯巴达人果然做到了这一点为止，尽管珀西斯特剌图斯家族对
于斯巴达人说来还是素不相干；然而珀西斯特剌图斯家族和阿
5 耳戈斯人之间保持着的友好关系，却是同样重要的鼓动斯巴达
人的一种力量。最初，他们派遣安客摩卢斯率领一支军队由海
上进攻；但是，由于塞萨利亚的客涅阿斯带来一千骑兵助守，安
客摩卢斯被打败身亡了。这一事件激怒了斯巴达人，于是他们
派遣自己的国王克勒俄墨涅斯统率大军由陆上出发；他打败了
打算阻止他进入阿提卡的塞萨利亚骑兵，因而把希辟阿斯封锁
在珀拉耳隔库谟[③]堡垒里，并且得到雅典人的助力，围攻这个
6 堡垒。当他正在着手围攻的时候，珀西斯持刺图斯家族的子弟
企图暗中逃走，却被捉住了；因为这些人被捕，他们便以儿童安
全为条件，并在五天之内运走他们的财产，以卫城投降雅典人；

① 神庙在公元前548年焚毁。大概他们在此约中赚得一笔钱，而又满足女巫的心意重建了该庙。

② 皮西阿，*Πυθία*，特尔斐阿波罗神庙的女巫，由 *Πύθων*（蛇）而来（阿波罗所杀的蛇）。——译者

③ 在卫城西端的一个堡垒。

这是在哈耳琶克提得斯为执政官的那一年，珀西斯特剌图斯之 公元前511
子在其父死后保持僭主政治约十七年，加上他们父亲的当权时
期一共为四十九年。

XX. 僭主政治推翻之后，进入一段党争的时期，一方领袖是忒 1
珊得耳之子伊萨戈剌斯，他本是僭主的朋友，另一方是克勒斯塞涅
斯，他属于阿尔克迈嗡尼代家族。克勒斯塞涅斯在政治集团[①]中 2
失败之后，就提议将政府交给群众，以争取人民的援助。伊萨戈剌
斯因而失势，他又求助于他的好友克勒俄墨涅斯，劝他前来驱逐渎
神的罪人[②]，因为阿尔克迈嗡尼代家族被人看作一个犯渎神罪的 3
家族。克勒斯塞涅斯暗中退走，克勒俄墨涅斯率领少数军队进城，
驱逐被控的雅典人七百户；结束了这件事之后，他便推翻议事会，
而令伊萨戈剌斯和他的朋友三百人共同掌握政权。可是，议事会
起来反对了，大众也团结一起，克勒俄墨涅斯和伊萨戈剌斯的队伍
都逃匿在卫城里面，人民围攻卫城两日。到了第三日，他们允许克
勒俄墨涅斯和他的党徒在停战的条件下离开，并召克勒斯塞涅斯
和其他流亡者回来。现在人民已经控制政事，克勒斯塞涅斯是他 4
们的领导人和人民领袖。因为在驱逐僭主中，主要的发动者几乎
就是阿尔克迈嗡尼代家族，他们大半是用党争来完成此事的。在
阿尔克迈嗡尼代之前，刻冬也曾攻击过僭主，所以人民在轮唱歌中
也唱着尊敬刻冬的歌：

孩子！现在为刻冬斟满，让我们为他干杯，

---

① ἑταιρεῖαι，反民主政治倾向的政治集团。

② 参阅章 I。

如果我们有责任来祝福这善良而真诚的人。

1 XXI. 因此，人民信赖克勒斯塞涅斯是有原因的。这时当
公元前503 僭主废黜后的第四年，亦即伊萨戈剌斯担任执政官的那一年，
2 他既成为大众领袖，第一步便把所有的居民划为十个部落，以
代替原有的四个部落，目的是要使不同部落的成员混合起来，
以便让更多数的人可以参加到政府来①；有一句本是对那些想
查问人民氏族的人说的成语，“部落无分彼此”，便是由此而来
3 的②。其次，他把议事会的成员由四百人改为五百人，每部落
出五十人，而在以前，每部落则出一百人。为着这些原因，他所
以不把他们分配为十二个部落，以便他可以不必使用现成的三
4 一区的划分③（因为四个部落共有十二个三一区），否则大众就
不会混合起来了。他又把全部村社④分为三十区，十区在城
市附近，十区在沿海，十区属于内地；他称这些区为三一区，
并用抽签的办法把这些区指定给各个部落，每一部落有三
区，这样就使一个部落在所有这些地区都占了一份⑤。他

① “政治论”III. 275 b 37 以下有较完全的说法。同一等级的成员现在将分属于不同的部落；一批新的公民，如本来不是氏族成员的自由的异邦人以及解放的奴隶，都被登入公民之列了（参阅第 4 节）。

② 这大概是说，现在部落和古代氏族无关，如果谁要查问氏族，看看部落登记表也没有用处了。因而这句成语变成格言，意指欲分彼此，实属徒然。——译者（参照F. G. 刻泥喻注释）

③ 参阅 VIII. 3，注。

④ δῆμος，总数多少不得而知，但据希罗多德的记载，当为一百个。随着人口增加，村社之数亦日益扩大，到了公元前三世纪，已有一百七十六个村社。——译者（据 F. G. 刻泥喻注释）

⑤ 意即每一部落包括有城区、沿海、内地各一个三一区。——译者

又规定所有住在同一村社里的人彼此都是村民[①]，使他们
不用祖上名字相称，而正式以村社名字相呼，以免新近获得
公民权的公民引人注意；因此之故，雅典人在私生活上也使 5
用他们村社的名字作为姓氏[②]。他又设置村长[③]，其职务和以
前的造船区长相同[④]，因为他已经用村社代替造船区。有些村
社的名字，他利用它们所属的地方名，有些则利用它们的建立 6
者，因为村社和原有的地方已不完全相符了。氏族和胞族[⑤]，以
及属于各村社的宗教职务，他允许保持祖传的习惯。他又制定
了十个保境英雄作为部落名称所由来的神，这些是按皮西阿女
巫的神谕就一百个预先选择的名字中选出的。

XXII. 由于这些改革，宪法就比梭伦宪法要民主得多；
当僭主政治时期，梭伦宪法曾因不用而被人遗忘，克勒斯塞 1
涅斯则以争取大众乐从为目的，制定了另一个新的宪法，其
中包括贝壳流放法[⑥]。首先，在这些制度建立后的第五 2
年[⑦]，即赫耳摩克勒嗡担任执政官的那一年，他们[⑧]制定了

① 即是说，他使村社成为一种社会集团，村民相视几如一家人。

② 例如在 XXVIII. 3 有"派阿尼阿村社的卡利克剌忒斯"（Καλλιχράτηs Παιαγιὼs），人们使用他们的村社作为自己的次一称号；在这以前，用的是父名。

③ δήμαρχοs，即村社主席或村长。——译者

④ 见 VIII. 3，注。

⑤ "政治论"1319b 23 云："克勒斯塞涅斯增加了胞族的数目"，但无疑地，这是指新公民而言。

⑥ Όστραχισμόs，由 Όστραχǒν 一字而来，后者意为"陶片"，中译为"贝壳流放法"。——译者

⑦ 即公元前 504 年；但如果马剌松之役（公元前 490 年）是在十一年后（3），那么这里希腊文或许应当改为："后第八年"。

⑧ 文中所云"他们"，除特指外，通常是指人民大众。——译者

五百人议会就职宣誓式，这到现在仍然使用。其次，他们开
3 始按部落选举司令官[①]，每部落一人，但全部军队仍归军事执
公元前490 政官统率。十一年之后，他们在马剌松战役中获得胜利；在这
次胜利后两年，即淮尼浦斯为执政官的一年，那时人民正处在
公元前488 勇气蓬勃向上时期。他们第一次实行贝壳流放法，制定此法是
由于对当权的人发生怀疑而起，因为珀西斯特剌图斯当担任人
民领袖和司令官时曾经自立为僭主。第一个被用贝壳流放法
4 赶走的人是他的亲戚，科吕堤斯村社的卡耳穆斯之子希琶耳库
斯，赶走这个人的要求，本来就是克勒斯塞涅斯制定这种法律
的主要动机。但在此以前，希琶耳库斯一直得以幸免，因为雅
典人允许在混乱时期没有参加僭主共同作恶的所有僭主朋友
留居城内——从这一点上看出了人民一贯宽宏大量的态度；而
5 且希琶耳库斯正是这些人的领导者和首领。此后紧接着第二
公元前487 年，当忒勒西努斯担任执政官的时候，他们实行一部落一部落
地由村民所选出的五百预选人[②]名单中用抽签法选举九执政
官：这是僭主政治以后依此办法选举的头一年，在此以前所有
的执政官都是用投票选举的[③]。同一年，阿罗珀刻村社的希波
6 克剌忒斯之子墨加克勒斯被用贝壳流放法放逐了。他们在三
年中继续把那些曾经是立法目标的僭主朋友们放逐出去，但是

① 十司令官（στρατηγοί）之制，当在公元前501—前500年间建立。——译者

② 大概五百人是错误的，因为在梭伦宪法中每部落提出的候选人是十人（VIII. 1），而在亚里士多德时亦是十八。——译者（据F. G. 刻泥嗡注释）

③ 这只是指僭主政治以后而言，因为在梭伦宪法中执政官已经是由各部落选出的四十候选人中抽签选举。——译者（据F. G. 刻泥嗡注释）

后来在第四年，贝壳放逐法也被用来驱逐任何其他威势太大的
人了；第一个和僭主无关而被驱逐的人是阿里佛隆之子克珊西 7 公元前483
浦斯。两年以后，在尼科密得斯担任执政官的一年，由于马洛
尼阿矿[①]的发现，国家因开采该矿而获利一百塔楞特，于是有
些人建议应将此款分与人民；但是，塞密斯托克利斯从中阻挠，
他不说他要将此款作何用处，只提议把钱借给雅典的一百个最
富有的人，每人一塔楞特，如果他们用款得当，好处就算是国家
的，如果他们用得不当，国家可向借款人收回这笔款。在这些
条件下，这笔钱就归他处理，他用这笔钱来建造一百艘三列桨
战船组成舰队，由一百个借款人每人造一艘，他们在萨拉密斯
海战中用来和蛮人作战的就是这支舰队。就在这个时候，吕西
马库斯之子阿里斯忒得斯被放逐了。三年后，当于普塞客得斯
担任执政官之时，由于克塞耳克塞斯的远征，他们允许所有被 8
放逐的人回国；他们并且规定自此以后被流放的人应当居住的
境界，禁止住在[②]从革赖斯图斯[③]到斯库莱于谟[④]这条界线之 公元前480
内，违者将丧失公民权。

XXIII. 因此，在这个时候，国家已经随着民主政治的成 1
长而逐渐发展起来；但是，波斯战争之后，阿勒俄琶菊斯议会又
变成有权力的机关，并且主持国政，它获得领导地位并非由于
有过什么明确的决议，而是由于萨拉密斯海战的原因。当时由

① 大约在绪尼宇谟海角(Cape Sunium)以北五英里。

② 抄本是“规定他们必须住在”。

③ 优卑亚的南端。

④ 阿耳戈斯的东南端。

于局势所趋，司令官们已经陷于完全绝望之境，宣布每个人都应当照顾自己的安全；然而阿勒俄琶菊斯议会却预备一笔经费，每人分发八德剌克马，使他们担任船上水手。为着这个原
2 因，司令官就不如这个议会那样受人尊重了。这些时期，雅典统治得很好；因为在这时候，人民履行军事义务，在希腊人中博得很高的荣誉，而且取得了海上霸权来对抗拉西第梦人的意
3 志。这些时期的人民领袖①是吕西马库斯之子阿里斯忒得斯和尼俄克利斯之子塞密斯托克利斯，后者熟谙军事，而前者长于政治②，且公正超过与他同时代的人；所以雅典人以其一为
4 司令官，其一为顾问。虽然他们两个人意见不合，但城墙③之重建却是由这两位政治家联合主持；而且阿里斯忒得斯还抓住了拉西第梦人因泡珊尼阿斯事而不为人信任的机会，促使爱奥
5 尼亚各国和拉西第梦人脱离联盟关系。阿里斯忒得斯又在萨拉密斯海战之后两年，即提摩斯塞涅斯担任执政官的那一年，
公元前478 第一次定下了各盟国捐款数额，同时他主持爱奥尼亚人的宣誓，当时他们立誓，有共同之敌、共同之友，且把一堆铁沉入海底，来表明忠于他们的誓言④。

① 参阅 II.3，注。

② 希腊文亦可改为“后者实行军事行动，前者以熟谙政治闻名”。

③ 城堡重建，拜厄里斯港亦完成，把拜厄里斯港和法勒律谟港与城市连接起来的长城也建成了。

④ 各方宣誓，只要铁不复浮海面（Πρίν ἤ τὸν μύδρον τοῦτον ἀναφῆναι），盟约永守不变，见：“希罗多德”，I.165；又贺拉西，Epodes，16.25：“让我们为此宣誓：‘一旦岩石竟从海底上升，重复漂浮，则散归者不咎。’”（sed iuremus in hace：‘simul imis saxa renarint vadis leuata，ne redire sit nefas.’）

XXIV.后来，由于国家日益壮大，而钱财也积累了很多，1
他就劝告人民，抛弃田园，入居城市，务以取得领导权为目的，告诉他们说，人人都会有饭吃，有的人服兵役，有的人当守卫军，有的人从事公社事情，这样，他们就可以保持领导地位。人 2
民采纳这种劝告，并获得了霸权，于是对待盟国，十分专横，只有开俄斯、列斯堡和萨摩斯例外，他们把这些国家当作霸国的前哨，允许它们保有自己的政府并统治当时已归它们的属地。他们又按照阿里斯忒得斯的建议，为大众准备充分的粮食供 3
应；因为贡税、征税和盟国捐款的综合所得，足以维持两万多人的生活。陪审官六千人，弓箭手一千六百人，骑士一千二百人，议事会的议员五百人，造船所的卫士五百人，还有城市卫士五十人，国内官吏七百人，国外七百人①；后来当他们进行战争的时候，除了这些人以外，还要加上重装步兵二千五百人，护卫舰二十艘和其他用以运送抽签选出二百卫兵的船只；此外还有普律塔涅嗡②、孤儿和狱卒——所有这些人都是靠公家经费供养的。

XXV.人民维持他们生活的方法便是这些。自波斯战争后十 1
七年来，宪法一直受到阿勒俄琶菊斯议会的控制，虽则它也逐渐经过修改。但是，随着大众力量的增强，索缚尼得斯之子厄斐阿尔忒斯既当了人民领袖③，且在政治生活上享有清廉正直的声誉，便来攻击这个议会了。首先，他就阿勒俄琶菊斯议员的行政行为对他 2

① 这个数目可能是错误重复上行；否则应加一“亦”字。

② 这是一个市政公所，大约在卫城南边的旧市场(Agora)里面，其中保持着经常不灭之火，主席在这里吃饭。

③ 参阅 II.3，注。

公元前462 们起诉，因而除去了他们中间的许多人；而后在科农担任执政官的
那一年，他又剥夺去这个议会一切保卫宪法的格外权力，把某些权
力交给五百人议会，另外一些则交给民众会和陪审法庭。对于厄
3 斐阿尔忒斯的这些举动，塞密斯托克利斯也负一部分责任[①]；他是
阿勒俄琶菊斯议员之一，但以勾结波斯的叛国行为预定要受审讯。
塞密斯托克利斯打算破坏这个议会，经常告诉厄斐阿尔忒斯说，议
会要逮捕他，而同时却告诉阿勒俄琶菊斯议员说，厄斐阿尔忒斯要
告发某些阴谋破坏宪法的人。他又常常带着议会所指定的成员到
厄斐阿尔忒斯住所附近的地方，把集聚在那里的人指给他们，并和
4 他们密语。当厄斐阿尔忒斯看到这情形时，他就惊惶失措，还来不
及穿上外衣，就逃到神坛去藏匿了。每个人对于这事情的发生都
感到十分惊异，后来当五百人议会开会的时候，厄斐阿尔忒斯和塞
密斯托克利斯不断斥责阿勒俄琶菊斯议员，在民众会开会时也这
样，一直到他们把阿勒俄琶菊斯议员的权力剥夺了为止。但是不
久以后，厄斐阿尔忒斯就被塔那格剌的阿里斯托狄库斯暗杀而死了。

1 XXVI. 这样，阿勒俄琶菊斯议会就失去了支配国事的地位。在这以后，由于作为人民领袖的那些人的锐意图谋，宪法一天比一天放宽了。因为在这些时期，高尚阶级[②]一个领袖也没有，而他们的首要人物，密尔提阿得斯之子客蒙，还十分年

---

① 这里所说的塞密斯托克利斯，在“政治论”II. XII 中则代之以珀里克利斯。(按今日史学上公认，塞密斯托克利斯早在公元前 470 年左右已被流放。——译者)

② 或“更可尊敬者”：这是一种社会认可的含糊的名词，可参阅本章第 1 节末，XXVII. 4，XXVIII. 1，XXXVI. 2(译者按：均由 ἐπιείχεια 一词而来，有“高尚”之意，但用之于平民时，宜为“优秀者”)。

青，他参加公共生活只是晚后的事①；同时，人民群众在战争中
又遭受严重的损失，因为这时远征军是由兵员名册中选拔，而
指挥他们的司令官并无军事经验，仅凭他们的门第提升，所以
往往远征一次，死亡两三千人，弄得人民和富有者两方的优秀
分子都有人数枯竭之感。于是一般说来，一切行政措施就不像
以前那样注意法律行事了，虽则九执政官的选举办法仍毫无改 2
变，仅在厄斐阿尔忒斯死后五年曾决定双牛级亦有担任抽签选
举的九执政官候选人的资格；出身于双牛级的第一个执政官是
谟涅西塞得斯。在此以前，所有的执政官都由五百斗级和骑士 公元前457
出身，如果不是法律的某些条款为人所忽略，双牛级仅能担任
普通的行政职务而已。四年以后，在吕西克剌忒斯担任执政官
的那一年，三十个所谓地方法庭又重新建立起来了②。而在吕 3
西克剌忒斯以后两年，在安提多图斯担任执政官的那一年，由 公元前453
于公民人数大量增加，又通过了珀里克利斯所提议的法令，规 公元前451
定享有公民权利之人仅以父母双方均为公民者为限。

XXVII. 在这之后，当珀里克利斯成了人民领袖的时候， 1
宪法就变得更加民主了，他早在其年青时代，就以敢于检查担 公元前463
任司令官的客蒙的账目而第一次显名于时。他曾取消阿勒俄
琶菊斯的一些职能，且又促使国家大力加强海权，结果人民力
量壮大③，更多地把政府的一切掌握在自己手里。在萨拉密斯 2
海战后四十八年，即皮索多律斯担任执政官的那一年，伯罗奔 公元前432

① 此事年代有矛盾。——译者

② 参阅 XVI. 5。

③ 参阅 XXII. 7，XXIV. 1。

尼撒战争爆发了，当这个时期，人民关在城里，惯于靠着他们服
兵役的所得以谋生，于是一部分出自他们自己意志，一部分也
出自违反他们意志，他们决定亲自管理政府了。珀里克利斯又
3 头一个人使服务陪审法庭成为有给职，这是平民对付客蒙财富
的对抗方策。客蒙拥有足供僭主需要的大地产，所以他首先在
一般公务上作风很豪华，同时又供养许多和他同一村社的人；
任何一个属于拉客阿代村社的人，如果愿意，每天都可以到客
蒙家来，领一份相当不坏的粮食，而且他的田园并没有围墙护
卫，任何人都可以从中取用产品。珀里克利斯的资财不足以供
4 这样的滥费，所以他就听取俄厄阿的达摩尼得斯（珀里克利斯
所施行的方策，据说很多是由这个人建议的，因此后来他被放
逐了）的劝告，既然他不能在其私人财源上占据上风，就应该取
之于民，用之于民，因此他制定了陪审法庭给薪的办法；据某些
批评家的指责，这样做的结果就把陪审法庭败坏了，因为普通
5 的人比高尚的人，对于抽签担任这个职务，总是更加注意。而
且也就在这以后，有组织的贿赂法官的事也开始了；阿泥图斯
在其于皮罗斯指挥作战之后，第一个实行贿赂①；他因皮罗斯
失守而为人所检举，当受讯时他就贿赂法庭而幸免了。

1 XXVIII. 这样，在珀里克利斯担当人民领袖②的时候，
国家大事尚能顺利进行，可是，等他一死，事情也就变坏得

---

① 皮罗斯（即 Navarino）在伯罗奔尼撒西岸，公元前 425 年为雅典所占有，但在公元前 409 年又为斯巴达所夺回。阿泥图斯（又见 XXXIV. 3，是苏格拉底的一个起诉人）奉命率三十艘三列桨舰赴援，但以气候不佳，不能绕过玛利阿海角。

② 参阅 II. 3，注。

多了。现在，人民头一次采择在高尚阶级中间并无善良声
誉的人来做领袖，而在以前，人民的领导者一直是这样的
人。梭伦是第一个的和最早的人民领袖，第二个则是珀西 2
斯特剌图斯，他是一个贵族和显著人物。僭主政治推翻之
后，克勒斯塞涅斯成为人民领袖，他是阿尔克迈嗡尼代家族
的一员，而且他并没有反对者，因为伊萨戈剌斯的党羽已被
消灭；但是，在这之后，克珊西浦斯成为人民领袖，而密尔提
阿得斯则是贵族的首领；然后是塞密斯托克利斯和阿里斯
忒得斯；在他们之后，厄斐阿尔忒斯成为人民领袖，而密尔
提阿得斯之子客蒙则是富人的首领；再后则珀里克利斯为 3
人民领袖，而他方是客蒙的亲戚修昔的底斯[①]。至珀里克
利斯死，尼客阿斯成为显贵人物的首领，他后来死于西西
里，而人民领袖则是克利埃涅图斯之子克利嗡，他的冲动叫
嚣，被人视为最为败坏民风，而且他是头一个登上讲坛就叫
吼詈骂的人，在他向公众发表演说时，他总是先把斗篷束起
来，而所有别的人都是以安静的风度说话。这些人之后，接
着就是哈格农之子塞剌墨涅斯为一方的首领，而做七弦琴
的克利俄丰为人民领袖，他是头一个实行两个俄勃尔津贴
费的人[②]；他分配此款继续一个时期之后，派阿尼阿村社的

① Thucydides，son of melesias，非历史家修昔的底斯。——译者

② 他创设“剧场基金”（τὸ θεωρικόν），这是一种国家基金，用来支付剧场中一个普通座的费用，凡两俄勃尔。波卢塔克认为此制是由珀里克利斯设立的。一个俄勃尔约合 $1\frac{1}{2}$ 便士，六个等于一德剌克马。

卡利克剌忒斯取消这种制度，而且是头一个人在两俄勃尔
之外又应允再加一个。这两个领袖后来都被处死；因为大
众虽然被其蒙蔽一时，但最终总是憎恨那些引导他们干着
4 任何不正当举动的人。自克利俄丰[①]以来，人民领袖[②]不断
地一线相承，尽是些最喜欢鲁莽从事的人，他们使多数人获得
5 满意，目的在于求得当前的声望而已。继早期的一些政治家之
后，在雅典认为最好的政治家是尼客阿斯、修昔的底斯和塞剌
墨涅斯。对于尼客阿斯和修昔的底斯，几乎每个人都同意，他
们不仅是有荣誉的君子，而且是政治家和整个国家的爱国公
仆，但是，对于塞剌墨涅斯，意见就有分歧了，因为恰巧在他那
个时代，宪法发生了变动，性质十分混乱。但是，某些经过深思
熟虑的作家们的意见认为，他并不像批评他的人所说的，是一
切政府的破坏者，而相反，他总是引导一切政府走上完全守法
的方向，因为他善于在一切政府之下为国效劳，这是一个善良
公民应有的义务，可是，当这些政府行为不法时，他就绝不附和
它们，敢于对抗它们的敌意。

1 XXIX. 因此，当战争时期，只要局势还很均衡，他们就
公元前413 继续保持民主政治。但是，西西里灾难发生之后，当拉西第
梦人方面因为和波斯国王订立同盟而强大起来的时候，他
们就被迫废弃民主政治而建立起四百人政府了，墨罗俾乌

① 拉克汉的英译本为 Cleon（克利喻），依希腊原文应译为 Cleophon（克利俄丰）。——译者

② 此处“人民领袖”（The Leadership of the People），希腊原文为 δημαγωγοί（Demagogues），有“煽动者”之意。——译者

斯为着这个建议[①]发表了演说，但决议案则由阿那佛吕斯
图斯村社的皮索多律斯起草，公民大众所以默然顺从，主要
是因为他们相信，如果他们把他们的宪法加以限制，波斯国
王就会更多地帮助他们。皮索多律斯的决议案如下：“除现 2
有的十个起草委员[②]外，人民再从年在四十岁以上的人中
选举二十人，他们在郑重宣誓起草他们认为最有利于国家
的方案之后，应起草公共安全方案；此外，任何别的人，只要
愿意，也可以提出建议，以便他们可以从中选择最好的一
种。”克勒托丰对皮索多律斯的决议案提出修正案，主张当 3
选的委员也应当研究克勒斯塞涅斯在其创建民主政治时所
制定的那些祖先法律，这样，他们在听取这些法律之后，就
可以作出明智的决定，其理由是克勒斯塞涅斯的宪法有似
梭伦宪法，并不是民主的宪法。委员们当选之后，就首先动
议，主席们[③]务必把一切有关公共安全的议案付诸表决，而 4
后他们又废除了违法法案申诉[④]、告密和传讯的程序，使雅
典公民凡是愿意就可以对他们当前事件提出意见；他们又规
定，如果有人因为别人这样做法而企图处罚或传讯他们，或是
把他们拘入法庭，他就要被告发而马上拘捕到司令官面前，司

① 或“在此决议之前”。

② 西西里灾难之后，雅典任命十个委员应付事变（修昔的底斯，VIII. 1），后来又授命他们修改宪法（同上，LXVII.）。

③ 议事会主席，参阅 XLIII. 2。

④ γραφή παρανόμων，在雅典民主政治制度下，凡议事会或民众会决定的法案与现行宪法抵触者，或不合程序者，公民可以提出申诉，在法案成立后一年之内，原法案的动议者应负其咎。——译者

5 令官应将他交给警吏①处以死刑。在采取这样的措施之后，他们就制定了下列的宪法：国家收入，除战争外，不得用在任何别的方面；一切国家官吏在战争时期均为无薪俸的，唯担任九执政官和主席职位者，每人每日得领三俄勃尔②；在战争时期，所有其他的政府职务应交给就本人和财产而论皆是最能为国效劳的雅典人，其人数不少于五千人；这个集团应有权力对他们所愿意的任何人订立条约；年在四十岁以上的代表，就每一部落选出十人，他们用洁净牺牲举行宣誓，然后提出五千人的名单。

1 XXX. 委员们所起草的建议便是这样；这些议案被批准了，五千人由他们的成员中选出一百人，组成一个委员会，起草宪法。这个委员会草拟并公布下列的决定：“议事会应由年在
2 三十岁以上的成员组成，任职一年，没有薪给；下列人员应包括在这些成员之内，司令官，九执政官，神圣记录官③，联队长④，骑兵司令⑤，部落骑兵司令⑥，卫士⑦指挥官，女神⑧神圣基金司库官⑨以及别的神的十司库官，希腊司库官⑩以及所有不属

---

① 参阅 VII. 3，注及 LII. 1。——译者

② 半德剌克马，参阅 IV. 3，注。

③ ἱερομνήμων（Hieromnemon），此为书记或记录官，他和一个正代表 Πῠλᾱγόρας(Pylagoras)一起，像别的会员国一样，由雅典派往参加近邻同盟会议（The Amphictgoni Council）。

④ 联队长，ταξιάρχος(Taxiarchs)，参阅 LXI. 3。

⑤ 骑兵司令，ἵππαρχος(Hipparchs)，参阅 LXI. 4。

⑥ 部落骑兵司令，Φύλαρχος（Phylarchs），参阅 LXI. 5。

⑦ 卫士，Φρουρός，参阅 XXIV. 3。

⑧ 即雅典娜。

⑨ 司库官，ταμία，参阅 XLVII. 1。——译者

⑩ 这和本节末发生矛盾，原文似有残缺。

神圣基金的二十司库官，他们应管理这些基金[①]，祭礼官[②]和祭
礼监[③]，各十人；所有这些官职都由议事会先就其本届成员中
提出较多的预选人名单，然后从中选举，但所有其他的官职则
用抽签选举，且无须从议事会成员中选出；希腊司库官[④]，他们 3
应管理这些基金，无须由议事会的成员中选出。关于将来，应
由达到上述年龄的人组成四个议事会，并抽签选定其中的一
个，立即执行职务，其余的轮流任职，亦由抽签决定次序。百人
委员会应将自己和其他的人[⑤]尽量平均分配为四个部分，从中
抽签，中签者组成议事会，一年为期。议事会应按他们认为最 4
好的方式作出决定，来保证基金的安全保管及其用在必要的用
途，至于其他事情，他们应尽力执行；如果他们认为要有更多的
成员，那么每一成员都可以就他所喜欢的和他年龄相若的任何
人中请来一个补助人员。除非会议有加多的必要，议事会应每
五天开会一次。九执政官为议事会办理抽签选举，通告人凡五 5
人，由议事会成员中抽签选出，其中每天由抽签指定一人，作为
问题的提出人。这五个当选的通告人对于愿意会见议事会的
人用抽签作出决定，首先是有关宗教的事宜，其次是新闻传达，
其三是关于使节的事，其四是别的问题；但是，如果有关战争问
题，他们就不用经过抽签而径行向司令官进见并进行他们的事

① 此语大概是由下文窜入。

② 祭礼官，ὑιεροποιοί(Hieropoei)。——译者

③ 祭礼监，ἐπιμελητής。——译者

④ ‘Ελληνοταμίαι(Hellenotamiae)，这是提洛同盟捐款基金的管理人。

⑤ 即五千人中其余的人。

6 情。议事会的成员在指定开会时间未经议事会许可而不出席者，每天罚金一德剌克马。”

1 XXXI. 因此，他们草拟这个宪法是为着将来用的，不过，为了当前危机计，他们还实施了下列的纲领：“议事会依祖先规矩由四百个成员组成，每部落四十名，由各部落成员所选出的年在三十岁以上的候选人名单中选举之。这些人
2 委派官吏，制订他们的宣誓形式，并处理有关法律、会计检查和其他他们认为适当的事情。他们必须遵守任何为国事而制定的法律，他们没有权利改变法律或制定别的法律。现任的司令官应就五千人全体中选出，但是，议事会一旦成立，就得检查军备，选出十个人任其职，并为他们设一秘书，这些当选的人应在来年就任，有充分的权力，在他们必要时并得与议事会商议任何事件。此外还要选出一个骑兵司令
3 和十个部落骑兵司令；至于将来，议事会则应按照制订的程序，选举这些官职。除议事会和司令官之外，任何其他官职，同一的职位，同一人都不得连任。至于将来，当议事会由其中每一部分轮流组成时，百人委员会必须将四百人分成组，以便使四百人可以分配到四个名单中去。”①

1 XXXII. 这就是由五千人选出的百人委员会所草拟的宪
公元前412 法。这些建议由阿理斯托玛库斯付诸表决，而经大众批准。当卡利阿斯之年，议事会还在其任期届满之前，就在萨公革利嗡月第十四号那天被解散了；四百人议会在第二十一号那天任

① 参阅 XXX. 3。

职;而由抽签选出的议会则在斯客洛缚嗡月第十四号那天就
职①。因此,在卡利阿斯为执政官的时期,即约当僭主被驱之 2
后一百年左右,寡头政治便建立起来了,主要的推动者是珀珊
得耳、安提丰和塞剌墨涅斯,这些人都出身高贵,且以其才智与
判断力而具有卓越的名声。可是,当此宪法制定之后,五千人 3
只是在名义上当选,而四百人议会则以具专制权力的十司令
官②之助,掌握议会实权,统治国家。他们又派遣使节,到拉西
第梦人处,建议依现有局势媾和;可是,雅典若不放弃海上霸
权,拉西第梦人就不会答应,于是他们终于放弃这个计划了。

XXXIII.四百人的宪法延续四个月之久,时当塞俄波谟 1
浦斯做执政官之年,其中有两个月是谟涅西罗库斯为执政官, 公元前411
其余的十个月则由塞俄波谟浦斯接任。可是,当他们在厄勒特
里阿海战中情况愈趋恶劣,除俄勒乌谟外,全部优卑亚都起而
反抗的时候,他们就比以前任何一次的灾难都要更感不幸了
(因为他们实际上从优卑亚所得到的供应,此之从阿提卡所得
到的更多),因此他们解散了四百人议会,把政务交给具有军籍
的五千人③去处理,同时,他们投票决定,任何公职都是无给
职。负这次解散责任的首脑人物是阿里斯托克剌忒斯和塞剌
墨涅斯,他们不赞同四百人议会的作为;因为他们每以他们一 2
己决定来处理一切,而不理五千人。可是,在这危急期间,雅典

① 这三个日期约为五月三十一日,六月七日及六月三十日(译者按:萨公革利嗡 Thargelion 当 5—6 月,斯客洛缚嗡 Scirophorion 当 6—7 月)。

② 十司令官,参阅 XXXI.2。

③ 参阅 IV.2,XXIX.5。

似乎统治得很好，虽则战争还在继续，而政府仅掌握在这些具有军籍的人手里。

1 XXXIV. 但是人民在很短的期间内剥夺了这些人掌握政府的大权；在解散四百人议会后第六年①，在安革利村社的卡利阿斯做执政官之时，在阿耳隔努塞海战发生之后，海战由其获胜的十个司令官首先被一致通过，一起定罪，其中有些甚至完全没有参加过战争，而其余的人有的自己还是由别的船只所救起，人民完全被激怒他们的人所欺骗了；而后当拉西第梦人建议以保持双方现状为条件，而从得刻利阿撤退并媾和的时候，虽然有些人渴望接受这项建议，但人民大众却拒绝接纳，他们完全受了克利俄丰所欺骗，他出席民众会，喝醉了酒，穿着胸铠②，阻止商谈和平，抗议说，除非拉西第梦人放弃所有的城市③，他就不允许言和。虽则他们对于事情的处理不当，然而

2 不久以后，他们就知道了他们的错误。因为到了第二年，在阿勒克西乌斯做执政官的时期，他们在埃戈斯波塔密海战中遭到

公元前405 惨败，结果是城市落到吕珊得之手，他以下列的办法建立了三

3 十人统治。和约之订立，本以他们根据祖先宪法治理政府为条

---

① “第六”（希腊文数字为“第七”）是“第五”（希腊文“第六”）之误；四百人议会于公元前 411 年覆亡，卡利阿斯于公元前 406 年为执政官。

② 即是说，靠着人为刺激的勇气和武装来保护他自己，以防刺杀［如果我们不是同意一种猜测，认为“喝醉了酒，穿着胸铠”（μεθύων χαί θώραχα ἐγδεδυχὼς）是某些原来记载的误译，而把 θώραια ἔχων 当作俚语的意义“令其醉酒”（well primed with liquor），参阅阿里斯托芬，Ran“蛙”，1504］（译者按：“蛙”1504 提引克利俄丰，“And this，to Cleophon give，my friend”）。

③ 指他们在战争中夺去的城市。

件，因此平民党派企图保持民主政治，但是，属于政治集团[①]的贵族们以及和平之后才由放逐中归国的人，却力图建立寡头政治，而不属于任何政治集团但在其他方面声望绝不亚于其他公民的贵族们，则旨在恢复祖先宪法；属于这一党的人有阿耳客努斯、阿泥图斯、克勒托丰和缚耳密西乌斯，其主要的领袖则是塞刺墨涅斯。但吕珊得站在寡头政治党方面，人民受其威胁，被迫通过寡头政治。提出这个建议的是阿斐德那的德刺孔提得斯。

XXXV. 于是在皮索多律斯做执政官的时期，三十人统治 1
就这样地建立起来了。他们既成为国家的主人，便不顾大部 公元前404
分曾经通过的和宪法有关的法令，而从预先由一千人中选出
的人[②]里面委派五百个议员和其他官职，此外还给他们自己
选任了拜里厄斯港的长官十人，监狱看守官十一人，执鞭挞
之从者三百人，这样就把国家掌握在他们自己手里。最初，
他们对公民还很温和，假装着按祖先宪法的形式来执行政 2
务，他们从阿勒俄琶菊斯议会中把厄斐阿尔忒斯和阿耳刻斯
特刺图斯[③]所制定的关于阿勒俄琶菊斯议员的法律除去，并
且删削梭伦法令中目的不明确的部分[④]，取消陪审官所具有
的最高权，宣称修订宪法并删除宪法中不明确的地方：例如，

① 参阅 XX. 1，注；此指极端寡头政治团体。——译者

② 这就是说，是由骑士中选任；但原文未必正确，可以改为“从预选的一千人中”。

③ 或许是厄斐阿尔忒斯的一个拥护者，关于厄斐阿尔忒斯的立法，见 XXV。

④ 参阅 IX. 2。——译者

关于一个人要将其财产赠与任何其所欲赠之人一事，他们就
使这种赠与行为发生绝对效力，而将那惹人厌烦的所谓“除
了因为疯狂或年老，或受女人影响之外”的限制废除，目的是
使公然的勒索者不再有机可乘；对于其他事情，他们也做了
与此相仿佛的事。因此，在最初，他们是忙着这些事情的，铲
3 除勒索者和存心不良的谄媚人民的人，以及恶人和无赖之
徒；国内对于这些措施都很满意，认为他们如此作为，动机纯
4 正。但是，当他们在国内地位比较稳固的时候，他们就对任
何公民都下手了，把富于资财或门第显贵或有名望的人都处
以死刑，目的是在扫除这些危险的源泉，同时还想夺取他们
的地产；在一个很短的时间内，他们处死了不下一千五百人。

1 XXXVI. 看到国家正在这样零落衰败，塞剌墨涅斯愤恨这
一切目前发生的事情，不断劝告他们停止他们的胡为滥作，并
让比较高尚的阶级参加国事。最初，他们反对他，但是，当这些
建议的消息散布到大众中间，而一般公众开始倾向于塞剌墨涅
斯时，他们就惧怕他会成为人民领袖而推翻寡头政治，于是他
2 们把三千公民登记了，目的在于使他们参加政府。可是，塞剌
墨涅斯又批评这个办法，第一是因为他们虽然愿意让那些值得
尊敬的人参加政府，但他们只让三千人参加，好像才德只限于这
些人一样；其次，因为他们做了两件不相容的事，既使他们的统
治成为一种武力统治，而同时又使这个统治比他们所统治的更
为无力。但是，他们并未注意这些劝告，而且经过一段很长的期
间，不断拖延这三千人选举之事，对于他们所决定的那些人则秘
而不宣，甚至当他们认为宜于将这名单公布的时候，他们还删除

一些本来在内的名字，而加入别的本来不在名单内的人①。

XXXVII. 冬日早已来临，司剌绪部卢斯率领被放逐的 1
人占领了费利，三十人方面情势很不好，他们所率领出去对
抗流亡者们的远征遭到失败；于是他们决定解除其余人民
的武装，并采取下面一种方式来驱除塞剌墨涅斯。他们向
议事会提出两种法律，命令他们将其通过；其一是赋予三十
人以绝对的权力来处死任何不属于三千人名单之内的公
民，其二是不许把现行宪法下的公民权给予一切曾参与毁
坏厄厄提俄尼阿堡垒②或者以任何行动反对组织从前寡头
政治的四百人的人；塞剌墨涅斯事实上参与过这些行动，所
以结果是，当这两种法律被批准时，他就不在宪法保护之
内，而三十人有权来处死他了。塞剌墨涅斯被除掉之后，他
们就解除一切人民的武装，唯三千人除外，至于他们的其余 2
举动就更加残暴和卑鄙了。他们还派遣使者到斯巴达去，
毁谤塞剌墨涅斯，并请求斯巴达人援助他们；当斯巴达人闻
悉这个消息时，他们就派遣了卡利俾乌斯为总督，并率领七
百人左右的军队来守卫卫城。

XXXVIII. 在此之后，在费利的流亡者们占领了穆尼客 1
阿，并在战斗中击败了三十人所率领前来防御的军队；这些
来自城里的队伍，在这样危险的行军之后，在其归来时，第二

① 结果就没有人可以确定是否在内了。

② 这是拜里厄斯港北边一个凸出的防波堤，控住入口。此堡垒曾经开工，但在塞剌墨涅斯鼓动下就破毁了（修昔的底斯，VIII. 90—92）。

天便在市场[①]举行一个会议，废黜三十人，并选举十个公民为
全权委员来结束战争。可是，这十个人当得到这种职位后，
2 并不去进行他们当选目标所要做的事情，反而派遣使臣到斯
巴达请求援助和借款。然而这遭到有宪法权利者的反对，十
人怕被免职，且要恐吓他人（这个办法他们做得成功了），于
是逮捕一个最显要的公民得玛勒图斯，处以死刑，并继续紧
握政事，而卡利俾乌斯和在雅典的伯罗奔尼撒人积极支持他
们，有些骑士集团中的分子也这样支持；因为骑士中的某些
人在所有公民中是最盼望那些在费利的人不要归来。可是，
3 占领拜里厄斯和穆尼客阿的党人，由于全体人民倾向他们，
在战争中总是占了上风，于是最后人民废黜了原来所选的那
十个人，另选他们认为最好的其他十个人，当这十个人执政
的时期，由于他们积极而热烈的支持，和解成功，平民归来
了。这十人中最杰出的要算派阿尼阿村社的里农和阿刻耳
杜斯的法宇卢斯；因为这些人在泡珊尼阿斯到来之前，曾不
断前往和拜里厄斯人讲和，而在他来到之后，他们又热烈赞
4 助流亡的人返城。这位拉西第梦人之王泡珊尼阿斯以其本
身的努力和随后从斯巴达归来的十个仲裁者之助，终于使和
平妥协得以实现。里农及其同伴以其对人民的善意而得到
赞赏，他们是在寡头政治的条件下主持这些谈判的，但却附
和民主政治的利益，所以无论是本来留在城内的人或是从拜
里厄斯返城的人，没有一个人对他们有任何怨言；反之，里农

① 市场，ἀγορά，为民众会集会所在地。——译者

由于他在这一任的作为，却马上被选为司令官了。

XXXIX. 和解是在攸克利得斯做执政官的时代依下列 1 公元前403
条件成立的："凡居留城内的雅典人愿意迁往厄柳西斯者，
仍保留他们的完全权利，他们并且有自主权利和自己的政 2
府，享有他们自己的岁收。庙宇为双方公有财产，由刻律刻
斯和攸摩尔辟代①按照祖先习俗来监督。但是，在厄柳西
斯的人如到雅典去，同时，雅典人如到厄柳西斯去，除在举
行秘密祭的季节外，皆为非法。他们也像其他雅典人一样，
应该就其岁收中对共同防卫基金交纳一份款额。任何离开 3
的人如想在厄柳西斯置一房屋，应得到帮助，以取得屋主人
的同意；不过他们若是不能互相成交，每方得选派三个估价
者，并应接受这些估价者所估定的价钱。厄柳西斯居民，如 4
为移入者所允许，得和他们一起居住该地。在国内的人，凡
欲迁徙者，应在他们举行和平宣誓之后十天内进行登记，其
迁徙限在二十天之内，而在国外的人，则自他们回国之日算
起，享有同样的条件。任何住在厄柳西斯的人不得在雅典
担任任何公务，除非他在名册上登记，再行迁居城内。如果 5
一个人亲自杀死或杀伤他人，杀人罪的审问按照祖传法令
办理。除三十人、十人、十一人以及拜里厄斯的长官外，任 6
何人过去的事情都得到一次普遍的大赦，而那些人如果提
出答辩，亦可包括在大赦之内。凡在拜里厄斯任长官者，应
于设在拜里厄斯的法庭中答辩，但在城里者，则应于财产纳

① 见 LVII. 1。

税人[①]所举行的法庭中进行答辩；此外，凡不愿意按这些条件进行答辩者，得迁徙[②]。每一方都要分别偿还他们为战争借来的款项。”

1 XL. 和解已根据这些条件成立了，曾和三十人一起作战的
人都惊慌起来，许多人想移徙出去，但是，像每一个人所常有的
情形那样，他们把他们的登记一直拖延到最后一天；阿耳客努
斯看到他们的人数而想留下他们，所以提前截止允许登记的日
2 期，这样在许多人还没有恢复勇气的时候不得不违反他们的意
志而共同留下。这一点似乎是阿耳客努斯的政治家手腕，另外
相似的一点是他后来告发司剌绪部卢斯的命令违反宪法，那命
令允许给所有从拜里厄斯一起回来的人以公民权利，而其中有
些人显然是奴隶；他的第三个具政治家风度的行动是当有人开
始对归来的公民鼓动起宿怨时，他就到议事会去控告这个人，
劝议事会杀死他，不必审问，说这对于他们是否想保持民主和
遵守他们所作的誓词，是一个关键；因为如果他们让这个人得
脱，他们便是鼓励别人来效法；而如果他们把他处死，那么就是
把这个人作为例子，教训了每一个人。事情正是这样处理；自
从他被处死刑以后，没有别人再来破坏大赦的规约了，相反地，
无论在公务和私事上，雅典人对于过去灾难的处理都表现了历
史上任何民族所未有的最具充分荣誉的和政治家风度的精神；

① 或许在“财产”上应插入“城内”。

② 另一种读法（εἶθ' οὕτως ἐξοιχεῖν τοὺς ἐθέλοντας）则为“而愿意的人则按这些条件迁徙”（译者按：依这种读法，希腊文原文中，在“愿意”ἐθέλοντας之上，差一“μὴ”字，即“不”字）。

因为虽然条约上规定在城内的和在拜里厄斯的两方各自偿还，3
但他们不仅不追究既往的攻讦，而且还用公款归还那三十人为
战争而从斯巴达人借来的钱。雅典人认为这是取得和谐的一
个首要的步骤，而在其他的国家里，那些建立民主政治的人不
但不肯从他们自己的财产中付出任何东西，而且甚至还要重新
分配土地。他们并在克塞奈涅图斯做执政官的时期，即在 4
移居到厄柳西斯去的人迁徙后两年，和这些人也和解了。 公元前401

XLI. 这些事情是在后来发生的；但在我们所说的那个 1
时期，人民已经成为控制国事的主人，而制定了一直存在到 公元前402
今天的宪法了，当时是皮索多律斯做执政官的时代，人民已
经凭自己的努力使民主完全恢复，因而使人民执掌政府成 2
为公平合理的事了。这在宪法改革的一览表中是第十一次
的变更。在伊喻和他的同伴定居于雅典之后，最初产生了原始的宪法组织，因为这时才第一次将人民分为四个部落，并选任部落之王。第二个宪法，亦即具有宪法特点的后来继续发生的第一个①，是塞修斯时代所发生的改革，这种改革和王政时代的宪法已略有分歧了。在这以后，到德拉科时代，又有一次改革，那时公布了一部法典。第三次是在内战之后的梭伦时代，从这时候起，民主政治才开始。第四次是珀西斯特剌图斯时代的僭主政治。第五次是继僭主政治推翻之后的克勒斯塞涅斯的宪法，它比梭伦的宪法更为民

① 希腊文原文十分可疑，但，显然地，当伊喻时代，宪法仅仅有了起点，后此十一次的改革，皆接此而来。

主。第六次是波斯战争之后的改革，那时阿勒俄琶菊斯议会又当权了。第七次是阿里斯忒得斯草创而由厄斐阿尔忒斯完成的改革，那时厄斐阿尔忒斯把阿勒俄琶菊斯议会推翻了，而因人民领袖①故，这时国家为着海上霸国②造成了许多错误。第八是四百人统治的建立。而第九，在这之后，是民主政治的恢复。第十是三十人和十人的僭主政体。第十一是从费利和拜里厄斯归来后所建立的宪法，延续至今的宪法就从这时开始，人民大众的权力一直在增长。人民使自己成为一切的主人，用命令，用人民当权的陪审法庭来处理任何事情，甚至议事会所审判的案件也落到人民手里
3 了。他们这样做显然是做得对，因为少数人总比多数人更容易受金钱或权势的影响而腐化。最初，出席民众会有给制的建议被否决；但由于人民不出席民众会，而普律塔涅斯要不断用种种方法来诱导大众来参加，来举手批准决议，所以阿菊里乌斯最初给一个俄勃尔，在他以后，克拉索墨奈的赫剌克利得斯，外号③“王者”，给增加到两个俄勃尔，而阿菊里乌斯又给增加到三个俄勃尔。

1 XLII. 现行宪法的形式如下。凡父母双方均为公民者有公民权，公民在十八岁时在他们村社的名簿中登记。当

① δημαγωγοί，原意为人民领袖，并见 XXVIII. 4，但往往译为“煽动者”（英文之 demagogues）。——译者

② 这里原文又有可疑之处。

③ 或“绰号”（犹如珀西斯特剌图斯在攸波里斯的喜剧中号为 Demos 一样），但也可能他的家族起源于小亚细亚的王族。

他们登记之时，村社成员对他们宣誓投票，作出决定。首
先，他们是否达到法定年龄，如果认为未到年龄，他们便复
归于儿童之列；其次，这个候补人是否为合法出生的自由
民；然后，如果投票结果认为他没有自由民身份，他得向陪
审法庭申诉，村民由自己人中选出五人对他辩论，如果判决
他并无登记权利，国家便把他出卖，但如果他胜诉，村民便
必须让他登记。然后议事会检查登记者的名单，如发现任 2
何人未满十八岁，许他登记的村民便要受罚金的处分。到
了这些丁男[①]已被审查通过的时候，他们的父亲便按部落
举行会议，并在宣誓之后，选定年在四十以上而被他们认为
最好且最宜于监督这些丁男的部落成员三人，然后民众会以举
手方式就他们中每部落选举一人为教练官，并由其他公民中选
举一个将军统率他们全体。这些人把丁男集结成为队伍，在第 3
一次巡行各神庙之后，开往拜里厄斯港，其中有的守卫穆尼客
阿[②]，有的守卫海角[③]。民众会又给他们选出两个竞技的教练和
一些教师，教他们重装步兵操练和使用弓、投枪和投石器。民众
会并给教练官口粮，每人一德拉克马，丁男每人四俄勃尔；每一
教练官支领他自己部落的人员的津贴费，为全体人员购备一律
的食粮（因为他们按部落实行公餐），并监督一切别的事情。第
一年，他们照这样方式生活；到了次年，民众会在剧场开会，丁男 4

① Ἔφηβου (Ephebi)，在雅典，十八岁为丁男。——译者

② 见 XIX. 2，注。

③ 拜里厄斯南部海角（Ἀκτή）。

们当着人民面前举行一次操练表演，并向国家领到一只盾和一支枪；于是他们在乡村中当巡逻兵，并驻在哨兵守卫所。他们继续当
5 巡逻兵两年；军服是一种斗篷；他们豁免一切赋税；他们不得被人起诉，也不得起诉他人，为的使他们除涉及财产，涉及与女继承人结婚，或世袭僧侣身份者涉及任何有关僧侣之事外，不得借口自行请假。等到两年期满，他们便成为普通公民集团的成员。

1 XLIII. 这就是关于公民登记和丁男的规定。所有经常的行政官员，除军事基金司库官、观剧基金管理官以及水井监督官外，都由抽签任用；这三个官吏则用举手选举，他们的任期从一次泛雅典娜节到下一次①。所有军事官吏也用举手选举。

2 议事会是抽签选举的，议员五百人，每一部落五十人。主席团职位②由各部落轮流担任，其次序由抽签决定，前四部落每一部落任职三十六日，后六部落每一部落任职三十五日；因
3 为他们的年历是按阴历计算的③。担任主席团的人首先从国家领出一笔钱，一起在圆顶厅④公餐，然后召开议事会和民众会，议事会实际上除假日外每日开会，民众会则在每一主席团任期内开会四次。主席团公布议事会应办公事的书面通告、日
4 常事务程序以及开会的地点。他们并公布民众会会议的书面

---

① 即每四年一任；泛雅典娜大节和皮西节日一样，在第三个奥林匹克年举行之。

② πρυτανεία, the office of Prytanes, the Presidency, 主席团，主席职位。——译者

③ 每月二十九日或三十日，全年三百五十四日，等于 36×4+35×6。

④ 在阿勒俄琶菊斯东北，与议事厅邻近。

通告:有一次①是最高会议,会议对那些认为办事好的在职长官投票批准,并讨论粮食供应和国防问题;在这一天,凡要告密者可以提出,没收财产的目录要宣读,有关遗产和女继承人的申请名单也要宣布,以便使大家都能知道任何无人继承的这一
类的财产。在第六届主席团任期中,除上列的事务外,他们又 5
进行一次投票来决定是否要实行贝壳放逐法,来决定那些被控恶意告发者的先期对人密告是否要受理,其中或为公民,或为
居住境内的异邦人,每方各以三案为限,并决定是否要对曾向 6
人民提出诺言而没有实现的案件起诉。另一次会议是为请愿开的,在这次会议里,任何愿意的人都可以在放下一条请愿树枝②后,对民众会说出他所要说的事,不论是公事或是私事。另外两次会议讨论一切其他事件,在这些会议里,法律规定,讨论宗教问题三事,讨论接见使者和大使问题三事,还有世俗事件三事。有时他们并不举行先期投票而办起事来。第一个接见使者和大使的是主席团,公文由使者向主席团递交。

XLIV. 主席团有一个总主席,由抽签选出;他任职一日一 1
夜,不得延长,也不得再度任职。他是保存国家金钱和档案的庙宇的锁钥保管者,国玺保管者,他必须和他所指定的主席团
的三分之一③一起留居于圆顶厅内。当主席团召开议事会或 2
民众会时,这个总主席就以抽签选出主席九人,每部落一人,唯

① 即每一普律塔涅斯任期中的一次。

② 一条用羊毛包扎的橄榄树枝,由请愿人带来,放在民众会的神坛上。

③ “三分之一”,τρίττυες;上文断片5及VIII.3中的“三一区”,亦即“三分之一”之意。——译者

担任主席团的部落除外，在这九人中他又同样地选任一个总主
3 席，而后把程序单交给他们；他们接受程序单后便检查议程，提出讨论事件，担任投票检查人，指挥一切其他事务，并有权解散会议。任何人不得在一年中担任两次总主席，但是他在每一届主席团期中可以担任一次主席。

4 他们又在民众会中举行司令官、骑兵司令和其他军官的选举，其方式以人民之意为依归；这些选举在第六届主席团后由任期中有吉兆的第一次主席团举行之①。这些事件
1 也必须由议事会预先决定。

XLV. 议事会从前本有通过罚金、监禁和死刑判决案的最高权力。但是，有一次，议事会已经把吕锡马库斯交付公众的行刑吏了，他正在坐着等死的时候，阿罗珀刻村的优美里德斯却救了他，优美里德斯说，公民未经陪审法庭判决不得处死；到了陪审法庭举行审判的时候，吕锡马库斯却得免罪，于是他得到了“鼓槌下人”的绰号②；人民因而剥夺议事会判处死刑、监禁和罚金的权力，定出法律，凡议事会所通过的罪和罚的判决案必须由法官送交陪审法庭，而陪审官的任何投票都应当具有最高权力。

2 官吏的审判，在大多数的情形下，是由议事会来进行的，特别是对那些处理基金的官吏；可是，议事会的审判不是最后的，还可以向陪审法庭上诉。私人也有权利告发他所要告发的任何官吏的不法行为；但是，这些案件如果经议事会通过判决有

① 即第七任或更后的任期，参阅 XLIII. 2。雨、雷等皆为凶兆，但此种规定有实际价值，因会议是在露天的市场举行。

② 即免于刑杖之人。

罪，仍可以向陪审法庭上诉。

议事会并审查将于次年任职的议员的资格以及九执政官 3
的资格。从前，议事会如认为他们不合格，本有加以拒绝的最高权力，但是现在他们可以向陪审法庭上诉。

所以，对于这些事情，议事会并不具有最高权力，但是，它 4
给民众会准备决议案，而民众会并不能通过未经议事会准备和未经主席团事先以书面公布的任何法案；因为提出这样法案的人事实上将被起诉为不法行为而受罚金处分。

XLVI. 议事会又检查业已建造的三列桨船及其装备，以及海 1
军碇泊所，并依民众会的投票决定建造和装备新的三列桨船或四列桨船，建造海军碇泊所；但船舶营造师则由民众会选举。如果卸任的议事会不能把这些工作完成，移交给新议事会，它的成员便不能领取他们的报酬金，此项报酬金本是在下一届议事会上任时支付的。为着建造三列桨船，议事会选举它自己的成员十人为船舶
建造者。它并监督一切公共建筑物，如果发现任何官员旷职，它就 2
把他报告给民众会，如果判决有罪，就把他交给陪审法庭。

XLVII. 在大多数事情上，议事会又参与其他官职的行政。1
首先，雅典娜神庙司库官有十人，每部落一人，按梭伦法律（它现在还是有效的）规定，应在五百麦斗级中以抽签选出之，但事实上中签者即任职，即使他完全是一个穷人。他们在议事会参与下，保管雅典娜像和胜利神像①以及其他的纪念品和基金。

① 这是保存在帕德嫩神庙中的金像；可能本有十尊，但八尊在伯罗奔尼撒战争末熔以铸钱。

2　又有公卖官十人，每部落一人，以抽签选出之。他们在议事会参与下，在军事基金司库官和当选管理观剧基金者的合作下，出租一切公共包揽事业，出包矿坑和赋税，批准经议事会投票许可的人承包国家出租的矿坑，包括出租三年的采掘矿山和出租……年①的矿山租让权。他们又在议事会参与下拍卖阿勒俄琶菊斯所驱逐的人的和他人的财产，但拍卖须经九执政官批准。他们并给议事会草拟和准备一种写在白板②上的出包
3 一年租税的表，其中说明承包者和他应付的价额。他们制定十个分开的表，记着在每届主席团任期内需要付款的人，另一些分开的表，记着一年中必须付款三次的人，附以指明每一次付款的日期表，还有一些分开的表，记着在第九届主席团必须付款的人。他们又制订一个表，记载着在陪审法庭中注销③和拍卖的田地和房屋；因为这些拍卖也是这些官吏所应办的事。买房屋的人须在五年内内付款，买田地的须在十年以内；他们在
4 第九届主席团任期内付款。同时，三者执政官的出租领地事，也在白板上做一个表提出。这些领地租期也是十年，地租在第九届主席团任期内交付；所以在那一届主席团任期中有极大笔
5 的收入。写着付款表的白板交给议事会，由一个事务员保存；当有人付款时，他就从柱上取下这些记着这个付款人和付款日期的板，交给收款官，把记载拭去，但是别的板分开保藏，务使在付款之前不至于抹去。

---

① 数字磨损一半，当是十年或三年。

② 敷上白粉的木板，通告写在上面；所写的很容易抹去，参阅 XLVIII.1。

③ 即登记没收。

XLVIII. 收款官十人，每部落一人，由抽签选出；他们管理这 1
些板，并在议事会办公厅中在议事会参与下拭去还款的数目，而
后把板交还给事务员；任何人拖延不付款，就记进板上，他就必 2
须加倍付还拖欠之款，否则就要下狱；判处罚金和下狱的法律权
力都属议事会。因此，在第一天，他们收进到期的款，就把这些
款分配给各长官，到第二天，他们提出所分配款额的报告，写在
一块木板上，在议事会办公厅中复算，如有人知道任何一个人，
无论是官吏或是私人，弄错了分配之款，就向议事会提出，如果
发现任何人犯了错误，就用投票决定处理。

议事会又从他们自己集团内抽签选出会计员十人，为每届 3
主席团登记官吏的账目。他们又以抽签法选举查账员，每部落 4
一人，同时又以抽签法选助理员，每一查账员有两个助理员，他
们应依照每部落所由以命名的英雄名字分属于部落会议①，如果
任何人为了私事或公事要对任何一个已在陪审法庭报告账目的
官吏提起诉讼，他应在其报告账目之日起三天之内，把他自己的
和被告人的名字，以及他控诉此人的罪，加上他所认为适当的
罚金数目，记在一片木板上，把它交给查账员；查账员接受它和 5
读它之后，倘认为起诉可以成立，如系私人案件，即将此板交给
乡村中为这一部落提出案件的陪审官，如系公众案件，即把它
向司法执政官②登记。司法执政官如接受它，即再将此种账目
向陪审法庭提出，而陪审官的判决便是最后决定。

① 也就是说，每部落分派一个查账员和两个助理员，此种分派以部落所由命名的英雄名字表示之。参阅 LIII. 4，注。

② 参阅 III. 4。——译者

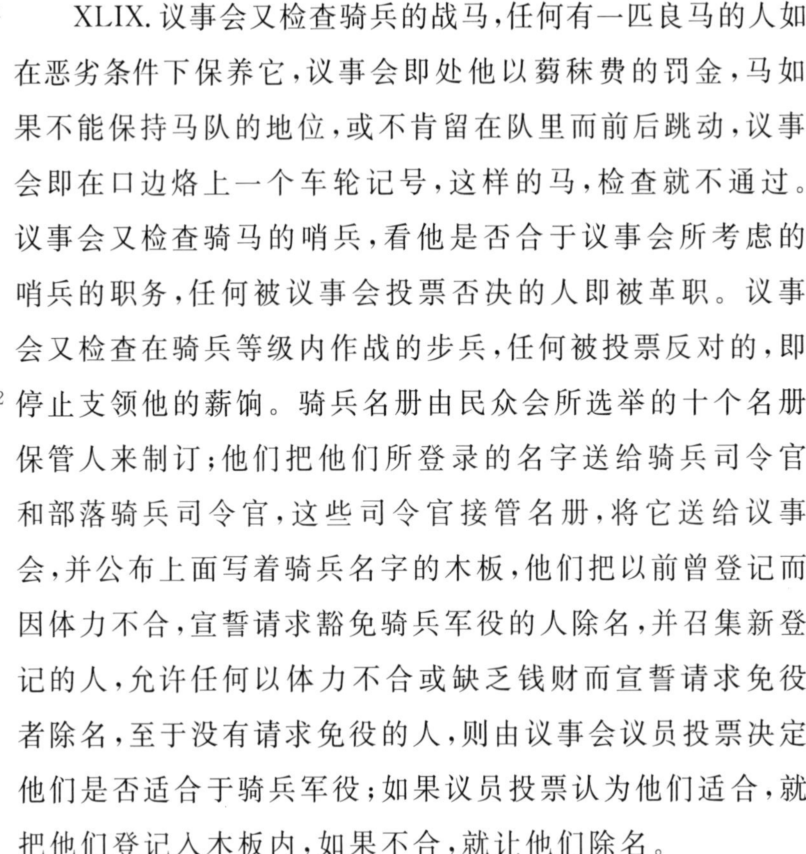

1 XLIX. 议事会又检查骑兵的战马，任何有一匹良马的人如
在恶劣条件下保养它，议事会即处他以蒭秣费的罚金，马如
果不能保持马队的地位，或不肯留在队里而前后跳动，议事
会即在口边烙上一个车轮记号，这样的马，检查就不通过。
议事会又检查骑马的哨兵，看他是否合于议事会所考虑的
哨兵的职务，任何被议事会投票否决的人即被革职。议事
会又检查在骑兵等级内作战的步兵，任何被投票反对的，即
2 停止支领他的薪饷。骑兵名册由民众会所选举的十个名册
保管人来制订；他们把他们所登录的名字送给骑兵司令官
和部落骑兵司令官，这些司令官接管名册，将它送给议事
会，并公布上面写着骑兵名字的木板，他们把以前曾登记而
因体力不合，宣誓请求豁免骑兵军役的人除名，并召集新登
记的人，允许任何以体力不合或缺乏钱财而宣誓请求免役
者除名，至于没有请求免役的人，则由议事会议员投票决定
他们是否适合于骑兵军役；如果议员投票认为他们适合，就
把他们登记入木板内，如果不合，就让他们除名。

3 从前，议事会又经常裁决雅典娜法衣①的式样，但是现在这归于抽签选举的陪审法庭来处理，因为议事会曾被认为决定不公。议事会又和军事基金管理员共同监督胜利神②像的建造以及泛雅典娜赛会的奖赏。

4 议事会又检查无力之人；因为有一个法律规定，凡财产不足

① 每一次泛雅典娜节日为雅典娜织造，并在行列中携带着。

② Νίκη，胜利女神。——译者

三明那①而又以体力衰弱不能从事任何工作者,应由议事会审查,并由议事会从公众开支中供给他粮食津贴,每人每日以两个俄勃尔②为度。有一个为这些人专设的司库官,由抽签选出。

议事会实际上又参与最大多数其他官职的行政。

L. 所以这些便是议事会所管理的事件。又有十个神庙 1
缮修官,由抽签选举,他们向收款官领到三十明那③来修理
那些最必要修缮的神庙;又有十个城市监督,其中五人在拜 2
里厄斯任职,五人在城内;他们监督吹笛女子、竖琴女子和
弦琴女子,禁止她们收费超过两个德拉克马④,如果有几个
人要求同一女子,这些官就让他们占阄,胜者雇她。他们又
监视清道夫,不许他们在距离城墙十斯塔忒尔之内抛掷粪
秽;他们又防止建筑房屋侵占道路,不许阳台突出于道路之
上,防止建筑上头水道,水溢道路,以及朝向道路开窗;他们
又将路毙者的尸体移去掩埋,这种事有公共奴隶办理。

LI. 市场监督亦由抽签选举,拜里厄斯五人,城市五人。1
法律指定他们监督一切商品,防止售卖掺杂的和伪造的货 2
物。度量衡监督十人亦由抽签任用,城市五人,拜里厄斯五
人,他们监督一切量器和衡器,为的使卖者使用公正的量
衡。

① 参阅 IV.4,注。

② 约三便士。

③ 参阅 IV.4,注。

④ 参阅 IV.4,注。

3 谷物看守人通常为十人，由抽签选举。拜里厄斯五人，城市五人，但现在则城市二十人，拜里厄斯十五人。他们的责任首先是监视未经磨制的谷物在市场上售价是否公平，其次是磨坊出售大麦粉之价是否符合大麦之价，以及烘面包妇女出售面包之价，是否符合小麦之价，其重量是否符合官方的规定——因为法律命令面包应合标准重量。

港口监督十人，由抽签选举，其责任是监视港口市场，并命令商人要将到达粮市的海外输入谷物的三分之二运往城内。

1 LII. 警吏号为十一①，以抽签法选出任用之，他们管理在狱的人，并将那些以窃盗、绑架、行劫被捕而服罪者处以死刑，如他们不认罪，则将他们送往陪审法庭，如免罪则释放他们，如不得免，则予以执行；又将宣布为公共财产的田地房屋列表送与陪审法庭，将已被决定没收的交与公卖官②；又应提出密告——有的密告由法官办理，但警吏亦有此职责。

2 案件提出五人，亦由抽签法选举，他们把要在一个月内审判的案件提出，每人兼管两个部落。这些案件包括因不付寡妇财产应得之份而起的控告，因收回一德拉克马利息③的借款诉讼，以及收回一方向另一方借来在市场经商的

---

① 警吏（十一）ἕτδεχα，the Eleven。——译者

② 参阅 XLVII. 2。

③ 一明那月息一德拉克马，即年息百分之十二。

母金;还有暴行、友好社交借贷、合伙、奴隶、牲畜、三列桨船职务[①]和钱商案件等诉讼。因此,这些官吏要在一个月内把这些案件向法庭提出和裁判;但是,收款官[②]在决定纳税农民所提出的或对他们提出的案件时,如款额在十德拉克马以下,有权立即处理,但过此额则应在一个月内送往陪审法庭。

LIII. 又有四十人之官[③],亦以抽签选举,每部落四人,他们 1
组成一种法庭,其他案件对之起诉;从前,他们本为三十人,巡
回到每一村社,审判案件,但自从三十寡头政治以来,他们的人 2
数增为四十。他们对于不超过十德拉克马的诉讼有立即判决
权,但超过此额的案件,他们就移交给公断人。公断人接管这
些案件,如不能达到和解,即予以裁判,倘两方满意他们的裁
判,服从裁判,诉案即告了结。但是如果两造之一向陪审法庭
上诉,他们就把见证人的证据和答辩,以及有关的法律条文,分
别放在原告和被告的证件箱里,把它们封好,并附以一份写在
木板上的公断人的判决词,交与为被告部落提出案件的那四个
法官。这些法官接受这些案件之后,即以之诉于陪审法庭,如 3
在一千德拉克马之内,诉之于二百零一陪审官的法庭,如超过
此数,诉之于四百零一陪审官的法庭。除公断人所交的放在证
件箱中的法律、答辩或证据外,诉讼人不得另外放进别的东西。

① 即是三列桨船船长在其任职年满时,因其继任者不来接代而对之控诉,要求收回费用的案件。

② 参阅 XLVIII. 1。

③ 可能希腊文应改为"四十"(译者按:τιτταράχοντα,the Forty,即乡村巡回法官)。

4 正如执政官和名祖规则中所见的那样，年满五十九岁的人可以
担任公断人；因为部落所由命名的名祖凡十个，而兵役年龄所
用的年名凡四十二个①，从前，丁男当登入兵籍之时，通常刻在
白板上面，其上则写着他们应征之年的执政官②以及前一年公
断人所用的名祖，但是这些名字现在都刻在铜柱上，铜柱立在
5 议事会大厅之前，在名祖表的旁边。四十人之官采取最后一个
的名祖，把公断案件分配给属他这一年的人，并用抽签指定每
个人所应公断的案件；每个人必须完成分配给他的案件的公断
任务，因为法律规定，任何人达到公断人年龄而不为公断人者
6 将失去公民权，除非他在这一年担任某种官职或在国外，只有
这些理由方可豁免。任何人如被公断人处理不公，可向公断
人③起诉，法律规定公断人有罪者应受剥夺公民权之处罚；但
7 公断人亦有上诉权。名祖又被用以规定兵役；当遣派达到一定
年龄的兵士出征之时，就发表公告，用最初到最后的执政官名
字和名祖的名字来表示，说明应当服役的年次。

LIV. 以下的官吏，亦以抽签法选出：五个街道建筑官，他
1 们的职务是使用由公共奴隶担当的工人来修理道路；十个会计
2 员和十个他们的助手，所有卸任官吏都要把账目对他们报告。
因为这些人是核算负责账目官吏的报告并将核算结果提交陪

① 阿提卡英雄百人，其中十人的名字作为部落名（见 XXI. 6），其余九十中，四十二个名字冠在现役公民的连续年次之上，军役自十八岁至五十九岁，六十岁为公断人。每年终结时，现在到六十岁之人的名祖就转给现在刚好十八岁的人。

② 此为九执政官之最高的一个，他的名字作为年号，所以称为名祖（'Επώνυμος）。

③ διαιτητάς（公断人）大概是 δικαστάς（陪审法庭）之误。

审法庭的仅有的一些官员。如果官吏被他们证明曾经侵吞公
款，陪审官判决他侵吞公款，那么罚金将为他犯罪数目的十倍；
如果他们证明有人受贿，而经陪审官判决，那么他们就估计受
贿的价值，在这情形下，罚金也是数目的十倍；但是，如果他们
发现他有行政恶劣的罪，他们就估计损失，其应付罚金，如在第
九届主席团任期前交纳，只以损失的数目为限，否则加倍。但，
十倍于总额的罚金是不再加倍的。

又有一个官吏，称为主席团书记，亦以抽签任用，他负责管 3
理文书，保管已经通过的法令，并监督抄写一切其他文书，他并
列席议事会。以前，这个官吏是用举手选举的，而且通常是选
任最著名而可靠的人，因为这个官吏的名字是刻在同盟记录、
任命领事①和授予公民权的纪念碑上面的；但是现在它已成为 4
一种抽签选举的官职。又有一个监督法律的官吏，亦以抽签选
举，他也列席议事会，而且有一切法律的抄本。民众会并以举
手选举一个书记，专在民众会和议事会中宣读文书；他除了作 5
为一个宣读员之外，没有别的职务。

民众会又以抽签选举十个祭祀官吏，称为赎罪监，他们奉 6
献神谕规定的祭祀，并和占卜者合作，在需要征兆时，等候着吉 7
兆。它又以抽签选举其他的十人，称为常年司祭，他们进行某
些祭祀，并管理所有的四周年节②，唯泛雅典娜节除外。有一
个四周年祭是提洛节（那里也有六周年节③），其次是布洛罗尼

① 指定给他国公民的一种荣誉职，他在那里代表雅典的利益。
② 每四年或六年举行一次；在希腊文，这叫做“五周年”、“七周年”。
③ 原文和事实都极不确定。

亚节，其三是赫刺克利亚节，其四是厄柳西尼亚节，其五是泛雅典娜节，泛雅典娜节不和上述任何一个节日同年举行。现在已
公元前329 经又加上一个赫斐斯特的节日，它是在塞斐索丰为执政官时建立的。

8 民众会又以抽签选举一个萨拉密斯执政官和一个拜里厄斯的市长，他们在这两地主持狄俄泥索斯[①]节并指定合唱队队长；在萨拉密斯，执政官的名字记在一个碑铭里。

1 LV. 因此，这些官职皆由抽签选出，而有权处理上述一切事件。至于命名为九执政官的官吏，当初实行的他们的任用方式，上文已经说过[②]；但是，现在六个司法执政官以
2 及他们的书记均由抽签选举，而执政官[③]、王者执政官和军事执政官则由每一部落轮流，亦以抽签选出。这些官吏的资格，除书记外，首先在五百人议会中审查，书记和其他官吏一样（所有用抽签选举的和用举手选举的，在任职之前，其资格皆须先经审查），只在陪审法庭中审查，而九执政官则先在议事会中审查，而后再在陪审法庭中审查。以前，任何官吏未经议事会通过，不得任职，但现在可向陪审法庭进行上诉，而资格的最后决定亦以陪审法庭为断。审查资格所提出的问题，首先是，“您的父亲是谁？他属于哪一个村
3 社？您父亲的父亲是谁？您的母亲是谁？她的父亲是谁？

① τά Διονύσιατὰ κατ' ἀγρούς，即在十二月里举行的一个节日。——译者

② 参阅 III，VIII，XXII，XXVI。

③ 即名祖执政官，参阅 LIV. 4，注。

他属哪一村社?”而后问他是否有一个家庭阿波罗和住宅宙
斯①以及这些神座在哪里;而后问他是否有家族坟墓以及
这些坟墓何在;而后问他待他的父母好不好,他纳税了没
有,他已服了兵役没有。在这些问题提出之后,官吏就说,
“把证明您这些事实的证人请来。”当他提出他的证人时,官
吏又问,“有谁要控告这人吗?”如果有任何原告人出来,他 4
就可以发言,而受审者亦有机会答辩,然后官吏把这个问题
放在议事会中举手表决,或在陪审法庭中投票表决;但如果
没有人要控告他,官吏就立即付诸投票;以前,通常只有一
个人投进他的投票球,但是现在所有的人都必须对受审查
人投票决定可否,为的是任何奸猾之人即使幸免他的控告
者的控诉②,他还可能被陪审官取消资格。当事情经过这 5
样审查之后,受审查人就走向那块宰牲祭供的石头去(公断
人在其提出他们决定之前亦在此宣誓,被召来作证的人亦
在此宣誓他们没有什么证据可提),登上这块石头,宣誓说,
他们将公正地和依法地从政,而绝不以他们的职务接受礼
物,如果他们接受任何东西,他们就要立一金像。宣誓之
后,他们由这石头下来,到卫城去,在那里又这样地宣誓,以
后他们才就职。

LVI. 执政官、王者执政官和军事执政官,各有两个助 1
理员,由他们自己选择,这些人的资格在其任职之前由陪审

① 雅典家庭的神。

② 即贿赂控诉人不控诉他。

法庭审查，当他们卸任时，并须作报告。

当上任之时，执政官首先立即发表声明，一切人应继续
3 执掌在他上任前他们所执掌的那些掌有物和权力，直到他任终为止。于是他任命三个雅典最富有的人为悲剧合唱队队长；以前通常他还任命五个喜剧的合唱队队长，但是这些人现在已由部落选出。然后他接见各部落所任命的狄俄泥索斯节日成年人竞赛和儿童竞赛的以及喜剧的合唱队队长以及塔格里亚节日[①]成年人和儿童竞赛的合唱队队长（狄俄泥索斯节每部落一人，塔格里亚节每两部落一人，两部落轮流供应他们），处理他们以交换财产取得替代的要求[②]，或以从前已经实行过公共服务为理由，而提出他们豁免的要求，或则因为已经实行其他的服务与豁免时期尚未终止而提请豁免，或则因为还没有达到法定年龄（一个担任儿童合唱队队长的人必须年在四十以上）。他又任命提洛的合
4 唱队队长和运送青年的三十桨船的一个游行队长[③]。他监督游行队，其一是为纪念阿斯克列皮乌斯[④]而举行的，那时入社者家居终夕，其一是在狄俄泥索斯大节时举行的，在这大节里他和节日监督共同行动；这些监督以前是十人，由民众会举手选举，他们用他们自己的钱来供给游行队的经费，

① 五月中的一个节日，此节日有循环合唱队和游行队竞赛（本章，5）。

② 一个公民被指定担负这些花钱的任何一种公职时，都可以请求说，另有人更有能力胜任此职，但这个请求人只有用与被要求者交换财产的办法，才能免去担任此职。

③ 关于提洛节日，可参阅 LIV. 7，合唱队儿童由雅典出发。

④ Asclepius，医神。——译者

但是他们现在是用抽签选举的，每部落一人，且给以一百明
那以为筹备费；他又监督塔格里亚节游行队，以及庆祝救主 5
宙斯节的游行队。他又是狄俄泥索斯节和塔格里亚节竞赛
的管理人。因此，这些便是他所监督的节日。以下的刑事 6
和民事案件是向他提出的，在初审之后，他把这些案件送往
陪审法庭：虐待父母案（这样的案件，任何愿意的人都可以
担任原告，而不至于遭受罚金）；虐待孤儿案（此案之成立要
靠孤儿的保护人）；虐待女继承人案（此案之成立要靠保护
人或女继承人同居之亲属）；损害孤儿财产案（此案之成立
也要靠保护人）；心神失常之控告，即一个人控告另一个人
当其精神失常时损害其财产；指定清算人案，即一个人不愿
与人合伙管理财产；保护责任之建立案；对于竞争要求保护
责任之决定案；关于货物或证件之提出案；保管人之登记
案；对于财产和对于女继承人之要求案。他又监督孤儿和 7
女继承人以及夫死之后宣称有子的妇人，他有绝对权力处
罚侵犯他们的罪人，或把罪人送往陪审法庭。他将孤儿和
女继承人的房屋出租直到他们十四岁为止，并收取租金①，
他勒令那些断绝赡养的保护人维持小孩的生活。

LVII. 这些便是执政官所管理的事情。王者执政官所 1
管理的首先是秘密祭：他和那些由民众会举手选举的监督
人合作，其中两人由全体公民中选出，一人由攸摩尔辟代家

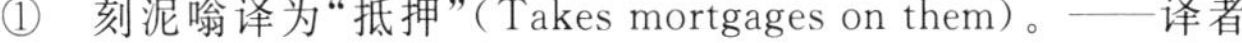

① 刻泥喻译为“抵押”（Takes mortgages on them）。——译者

族，一人由刻律刻斯家族[①]中选出。其次是螺奈亚的狄俄
泥索斯祭[②]；这个节日包括一次游行和一次竞赛，前者由王者
执政官和监督人联合指挥，后者由王者执政官组织。他又主持
2 所有传炬竞走的比赛；实际上，他又是一切祖先祭祀的指挥者。
他主管审判不敬神罪状和争执继承僧职的法庭。他宣判各氏
族间和各僧侣间一切特权的争执。所有杀人案件也归他审理，
3 而不准参加例常祭典的宣告，也由他宣布。故意杀人和伤人的
审判是在阿勒俄琶菊斯进行的，而毒杀和放火杀人案亦然；因
为只有这些案件才由议事会审讯，至于非故意杀人，以及谋杀
和杀害奴隶或异邦居民或外国人案，则在帕拉狄温[③]法庭审
判；凡承认杀人而宣告此为合法行为者（例如他杀了一个在奸
淫中的人），或在战争中或竞技中误杀一公民同胞者，都在得尔
菲尼温审判；但是，当一个人犯了一种准许赔偿的罪，正在流放
避难时，又被控杀人或伤人的罪者，要在佛勒阿托斯界内[④]受
4 审，并在一只泊近海岸的船上答辩。这些案件，除在阿勒俄琶
菊斯审理的以外，都由抽签选出的厄斐泰[⑤]审判；案件由王者
执政官提出，法庭设在圣界之内露天的地方，当王者执政官审

---

① 攸摩尔辟代和刻律刻斯为雅典两个古代僧侣家族。

② 一月末在卫城东南的利谟柰举行。阿提卡的第七月，伽墨利温（一月至二月），在旧爱奥尼亚语中称为螺柰温。

③ 这个神庙以及得尔菲尼温可能都在卫城东南。

④ 在仄阿（Zea）港附近；这个名祖的英雄无疑是虚构的，此地实际上是以一个井（φρέαρ）而得名。如被告人登陆，他将因以前的案件而被捕。

⑤ ἐφέται（Ephetae），古时阿勒俄琶菊斯派出审理案件的审判官的名称，凡五十一人；自阿勒俄琶菊斯于公元前五世纪中叶改组，ἐφέται 已失其意义，或许名称仍存，而实际上审判者已为陪审官。——译者

理一个案件时，他脱去他的王冠。被告人在所有其余的时间都不得进入圣地，法律甚至不许他涉足市场，但在审讯时，他进入圣界内，进行他的申辩。如王者执政官不知谁是真正的犯罪者，他仍对“罪人”提起诉讼，王者执政官和部落王又审判无生物和动物被控杀人的案件。

LVIII. 军事执政官奉祀女猎神阿耳忒密斯和厄泥阿利宇 1
斯①，并办理纪念战争死者的丧礼竞技，祭祀哈尔摩狄乌斯和
阿里斯托革同之灵。只有涉及普通和特权异邦人以及外国代 2
表的私人法律案件才归他审理；他有接受案件表的职责，并将
它分作十份，抽签分派每一份给每一个部落，然后给公断人指
定每一部落的陪审法官。他自己提出涉及异邦人的案件，如犯 3
有背弃他们的保护人②或没有保护人而行动的罪状，如关于财
产和女继承人的事件；以及所有其他诉讼，其属于公民者，由执
政官提出，属于异邦人者，由军事执政官提出。

LIX. 司法执政官的责任首先是准备陪审法庭审判的日 1
期表，而后将这些日期表交给官吏，这些官吏必须根据司法 2
执政官所分配的程序。此外，这些司法执政官们，还向民众
会提起公诉，并提出一切撤职的决定，民众会所发出的先期
告发，不法程序弹劾，违法法案起诉，以及对主席或总主席 3
的控告，对司令官的账目审查。他们又审问纳费的起诉，如

① 战神之一。

② 异邦人（Metoikos，和特权异邦人 isoteleis 不同，后者和公民同等纳税和服兵役）必须在一个公民保护下登记，异邦人的诉讼如属重要的，必须得到这个公民许可。

被控外人出生，外人行贿（即被控外人出生而以贿赂得免），恶意告密，贿赂，虚记公家债款，冒充证人，阴谋，抹销未付
4 债账，奸淫。他们并提出①所有官职资格的审查案，被村社
5 投票否决的公民权的断定案，经议事会通过的罪状的判决案②。他们又提出商业和采矿案件的私人诉讼，以及奴隶诽谤
6 自由人的诉讼。他们又以抽签对于各长官指派公事和私事的陪审法庭。他们批准和他国订立的合约，并将根据这些合约发生的案件，将阿勒俄琶菊斯提出的伪证控告，向法庭起诉。

7 所有九执政官，加上一个法官的书记为十人，以抽签选举陪审法官，每一人选举归他自己的部落的那一部分。

1 LX. 这些是九执政官的职能。又有竞技裁判官十人，以抽签选出，每部落一人，他们在检查合格之后，供职四年，管理泛雅典娜节的游行和音乐竞赛、体育竞赛、赛马，备办法衣③，和议事
2 会共同准备瓶子④，并将橄榄油分发给竞赛的人。油是由圣树得来的；执政官向生长圣树的田地主人征收这种油，每株为四分之三品脱。从前，国家经常出售圣树的果子，任何人掘出或砍断一株橄榄圣树，就要受阿勒俄琶菊斯议会审讯，如有罪，则处以死刑；但是，自从橄榄油已由田主纳租供应之后，虽则法律仍在，但
3 审 70 讯已废止；而国家对油的要求已是按地产计算，而不按树

---

① 即在审查这些资格的人们之前提出，参阅 LV. 2－4。

② 参阅 XLV. 2 末。

③ 参阅 XLIX. 3，注。

④ 在竞技中，奖品是一瓶油和一只橄榄圣树的花叶环。

数计算了①。这样,执政官收集他这一年所获得的油税,并将它交给卫城的财务官,在他没有将足额交给财务官之前,他不得进入阿勒俄琶菊斯。财务官经常把油保存在卫城里,到泛雅典娜节日时,他们才将它分配给竞技裁判官,而裁判官分发给竞赛的胜利者。音乐得胜者,奖品为银钱和金器,以健美得胜者,奖品为盾,体育竞赛和赛马得胜者,奖品为橄榄油。

LXI. 所有军事官吏,皆以举手选举——十司令官,从前每部 1
落一人,但现在由全体公民中一起选出,并且以投票决定他们的
职责——其一被指定主管重装步兵,他指挥他们对外远征;其一
主管国防,他指挥国内发生的任何战事;其二主管拜里厄斯港,
一在穆尼客阿,一在海角,他们主持保卫拜里厄斯的居民;其一
主管富民队②,他登记三列桨船的船长,执行他们交换财产的
事情并提出他们豁免的请求;其余的则当临时事件发生时派赴 2
远征。在每一主席团期中都举行一次信任投票,看他们是否称职;如果这种投票反对其中任何一个官吏,他便应在陪审法庭中受审,如有罪,则决定他的刑罚或罚金,但是如果无罪,他即复职。当指挥军队时,他们有权处罚违反纪律的人,拘禁、流放或处以罚金;但罚金是不经常的。

他们亦以举手选举法选出十个联队长,每部落一人;这些 3
长官率领他们的同部落人,并指派中队长。

① 这就是说,上面所说的按树数计算的数额,只是约计而已。

② 富民队,συμμορία(Symmories)这是二十个队,列入其中者为一千二百最富有的公民,他们交纳 ἱιφορά 或财产税,专供紧急战费之用。(按:据刻泥喻,这起源于公元前 377 年。——译者)

4 他们又以举手由全体公民中选出两个骑兵司令;他们率领骑兵,每人指挥一联队,包括五部落,他们的权力就像司令官对重装步兵的权力一样。骑兵司令的选举也要经过信任投票。

5 他们又以举手选出十个部落骑兵司令,每部落一人,率领骑兵,和联队长官率领重装步兵一样。

6 他们又以举手选出一个勒谟诺斯岛的骑兵司令,指挥驻在该岛的骑兵。

7 他们又以举手选出一个帕剌吕斯的财务官①,现在则又有一个阿蒙船的财务官。

1 LXII. 用抽签法选举的官吏,一部分是以前就和九执政官一起从全部落中选出的,一部分是现在在塞修斯庙中选出的,这部分通常是按村社来分配的;但是,自从村社开始出卖它们的官职,这些官吏便也由全部落中用抽签选出,唯议事会成员和卫士②除外;这些还是归诸村社。

2 公职津贴如下:首先,人民出席民众会常会,领取一德拉克马,一次最高会议③领取九俄勃尔;其次,陪审法庭,三俄勃尔;第三,议事会,五俄勃尔;凡担任主席者,另加膳费一俄勃尔。九执政官每人亦得四俄勃尔以为膳费,并备有

---

① 这是一艘国有的三列桨船,供使节等之用。另一艘本是萨拉密尼阿,现已为一艘号为宙斯·阿蒙的所代替,专供运送前往库勒涅(Cyrene)以赴宙斯·阿蒙(Zeus Ammon)神庙的使节之用。

② 大概是 XXIV. 3 所提及的造船所的卫士。

③ 参阅 XLIII. 4。

一个传令官和一个吹笛者；萨拉密斯执政官则一天得一德拉克马。竞技裁判官在赫卡托谟拜温月[①]中，当泛雅典娜节日，自该月四日以后，在普律塔涅嗡吃饭。驻提洛的近邻同盟代表人每天由提洛得一德拉克马。所有派往萨摩斯、斯库洛斯、勒谟诺斯或伊谟布洛斯的官吏亦领款以为膳费。

军事长官可以连任，但是其他的官吏则不可，唯议事会议 3
员可以连任一次。

LXIII. 陪审法庭由九执政官按部落抽签选举，其第十 1
部落则由司法执政官的书记抽签。法庭有十个入口，每部 2
落一个，二十个房间，每部落两个，在这里为陪审官抽签分配法庭，还有一百个小箱，每部落十个[②]，又有其他的箱子，中签的陪审官的票即是投在这里，此外还有两只瓮。在每一个入口处放着棒子，其数和陪审官之数相等，又有与棒子之数相等的橡实，投在瓮里，橡实上面写着字母，从第十一字母 lambda 开始，其数和需要开庭的法庭数相等。凡年在

① 阿提卡的第一月，即 7—8 月。——译者

② “全体陪审官分为十组，每一部落的陪审官都被分配到全部十组中去。每一部落中所有标着 A 组陪审官名字的票（πινάκια）都放进第一箱（κιβώτιον），标着 B 组的放进第二箱，全部十组以此类推（译者按：十部落，各十组，共一百箱）。按照需要的陪审官数目，在一百个箱中每一个抽出同等数目的票（译者按：这就是上文所说的‘中签的陪审官的票’）。这样抽出的每一票都有由抽签指定的一个法庭；现在这些票全部放进第二类的十个箱子（译者按：即上文所说的‘其他的箱子’）中去，所有指定给任何一个专设法庭的陪审官的票，都放在载有与该法庭相符字母（译者按：共十个字母，由 lambda 起）的箱子里。所有当选供职的陪审官的名字就这样地被分配给开庭那一天的各个法庭。”（Sandys）参阅以下 LXIV 章。

3 三十岁以上，不曾欠国库的债和不曾失去公民权利者，皆有
充任陪审官的权利。任何一个不合格的人如充任陪审官，
便要被控告，并受陪审法庭审讯，如有罪，陪审官即科之以
4 其应得的刑罚或罚金；如科以罚金，他便必须入狱，直到他付清他
所以被控的从前债务以及法庭所科他的罚金之时为止。每一陪审
官有一条黄杨木的票，上书他自己的和他父亲的名字，以及村社，
以及一个字母，至 Kappa 为止[①]；因为每部落的陪审官分为十组，
每组一个字母。当司法执政官按抽签法将指派各法庭的字母抽出
5 时，侍者立即将这些字母拿去，并将这些分配给各法庭的字母挂在
每一个法庭上面。

…………

（以后各页，原文仅有断片，破损甚多，比较清楚的部分附
1 录于下，文中空白经补入者，皆一般可用或大致符合，不另附
注。）

LXIV. 十个箱子放在每一部落所用的入口处。箱子上面
刻着字母，到 Kappa 止。当陪审官把他们的票投进这刻着和
票上有相同字母的箱子里时，侍者就把全部箱子摇动，而后法
2 官从每一箱子里抽出一票。侍者称为挂票者，他把这些由箱子
抽出的票挂到有同一字母的框架上去。这个侍者是用抽签选出
的，目的在于不至于由同一的人经常挂票和欺诈。每一个投票
室有五个框架。于是执政官开始投骰，就每一投票室为每一部

① 全体陪审官分为十组，按十字母排列（由 alpha 至 Kappa）；法庭亦分十组，按另一些字母排列（由 lambda 起）。——译者（据 F. G. 刻泥嗡注释）

落抽签；骰子是铜制的，有黑色和白色两种①。白骰子投进去 3
的数目和需要选举的陪审官之数相等，每一白骰子表示每五个
票，而黑骰子亦相同。当执政官抽出一个骰子时，传令官即传 4
唤那些中签的人。挂票者依照号数亦在其中。被传唤的人应
召而至，并从瓮中抽出一粒橡实，把它取出，字母向上，首先给
监视的执政官看；当执政官看了它时，他便把这人的票投进那
个写有和橡实上相同字母的箱子里，目的在于使他到分派给他
的那个法庭去，而不至于到他所选择的那个法庭去，以免被人 5
所希望的那些陪审官都集中到一个法庭来。执政官身旁有许
多箱子，其数和当天所要开的法庭数相等，每个法庭标着由抽
签指定给这一法庭的字母。

LXV. 这个陪审官自己再把橡实给侍者看，而后进入栅 1
栏之内，侍者给他一枝棒子，其色和法庭所用之色相同，并
有一个和橡实上相同的字母，使他必须进入抽签指定给他 2
的那个法庭；因为如果他走进另一个法庭，他便因棒子的颜
色而被看破，因为每一法庭都有一种颜色，画在它的入口处
的门楣上面。他拿着棒子，走进和他棒子颜色相同，和橡实
上字母相同的那个法庭去。当他进入法庭时，他便公开地
由一个官吏接到一种凭证，这个官吏也是由抽签指定担任
此职的。于是他们带着橡实和棒子坐上法庭中的席位，这 3

① 选举进行之程序如次。挂票者在框架上调整所有的票，框架确定了票的次序。于是执政官抽出一个骰子；如为白的，框架上最初五票的所有者便为陪审官，如为黑的，他们就落选；全数都这样办理。当选的陪审官是按照瓮中抽出的橡实被指派到各法庭去。——F. G. 刻泥嗡注

样他们就完成了入庭的程序。至于那些没有中签的人，挂票者便把他们的票退还。于是每一部落的公共侍者递进箱子，每一法庭一个，其中是在这一法庭中的部落成员的名字。他们把这些名字交给由抽签指定的一些官吏，这些官吏按号数在每一法庭中将票交还陪审官，以便他们可以根据名字，在检查他们时，支付报酬。

1 LXVI. 当所有法庭都已全体出席时，在第一法庭里便放着两只投票箱，以及一些与法庭所画相同颜色的铜骰，以及别的骰子，上面写着主席长官的名字。两个由抽签选定的司法执政官，分别来投两组的骰子，一个将有色骰子投入一只票箱里，另一个把长官名字投入另一只票箱里。哪一个长官先中签，传令官便宣布，这个将使用分配给他的第一法庭……

(LXVI. 2—LXVIII. 2——原文第 33、34 页——只余断片，由编者以不同的方式辑在一起，并加以补充。)

(译者按：以下据 F. G. 刻泥嗡译本补入。)

……其次分配给第二法庭，余类推。这样做法的目的在于
2 避免他的法庭被人知道，而每人只能主持由抽签指定的法庭。

当陪审官已经进来，并已经被指派到他们各自的法庭时，每一法庭的主席长官便从每一个箱中抽出一签(箱子共十个，每部落一个)，并把他们投在另一个空箱里。然后他抽出其中的五个，指定一个去管理水时计，其余四个去报告票数。这是预防任何预先对时计管理人或投票报告人行贿，并保证这些方面不至于有不正当行为。没有当选担任这些职务的那五个人便由他们取得通知，其中包括陪审官领取他们酬费的应有次序和陪审官

完成职务,领取酬费时,若干部落在法庭分别集合的地点;其目的在于使陪审官可以分作小组,领取他们的酬费,而不至于全体群集,互相妨碍。

LXVII. 这些准备完成,案件便开审。如为私事案件日,便传 1
讯私事诉讼人。法律所规定的每一类取四案,诉讼人宣誓,其发
言以切合诉讼问题为限。如为公事案件日,便传讯公事诉讼人, 2
所讯者只一案。那里准备有水时计,有小供水管,水由此注入,
用以规定申辩时间之长短。案件涉及五千德拉克马以上的款额
者,准许用十加伦①,第二次发言,每造均为三加伦。款额在一千
至五千德拉克马之间者,第一次发言七加伦,第二次二加伦;不
及一千德拉克马者,五加伦和二加伦。在敌对双方间调停者,准
许六加伦,没有第二次发言。当书记宣读一种决议或法律,或宣 3
誓陈述书,或条约时,那个由抽签当选管理水时计的官吏便将他
的手按在供水管上。但是,如果案件按照该日固定的限度进行 4
时,他便不停止供水,但每造得一平等的供水量。测量标准是波 5
赛敦月的日长②……当指定以监禁、死刑、流放、剥夺公权或没
收财物处罚时,即用这样的标准日。

LXVIII. 大多数法庭包括五百成员……;当必须将公事 1
案件提交一千成员的陪审官时,两法庭便合而为一,[最重要的
案件提交]一千五百陪审官,或三个法庭。投票球是铜制的,有 2
轴穿于中心,一半投票球中心是穿孔的,另一半则是不穿孔的。

① Xoûs,约等于一加伦的$\frac{3}{4}$。

② 即十二月至一月,其时日子最短。以下一段毁损。

当发言结束时，指定取票的官吏即将投票球两个交与每一陪审官，一个是穿孔的，一个是不穿孔的。这是诉讼人双方看得明明白白的，因而保证没有人取两个中空的或两个中实的球。然后指定任此工作的官吏取去陪审官的棒子，换给他作为已经投票证明的……

（下接 Loeb 本 LXVIII. 2。——译者）

2 ……＜一个铜的凭证上写一个＞3 字（因为他拿出这个凭
3 证，便领到三个俄勃尔），这样使他们全体都要投票；因为不投
票者便得不到这个凭证。在法庭上还有两只瓶子，一是铜的，
一是木的，两个分开，以免有人偷偷投进去看不出的投票球，陪
审官便在这里投票，铜瓶投入有效的票，木瓶投入不用的票，铜
4 瓶有一只盖，上有一个口，其大恰容一只投票球，使一个人不能
投两票。当陪审官投票判决之时，传令官首先问，诉讼人是否
要否认证人的证据；因为在开始投票后，他们便不能否认它了。
然后他又宣布，“有孔的投票球是投第一造的票，无孔的投票球
是投第二造的票。”陪审官当拿着投票球走下台时，用拇指和食
指捏住投票球的孔，朝着台，不让诉讼两方看到是穿孔的，抑或
不是，并投入他所要投的票于铜瓶，而投其另一个于木瓶。

1 LXIX. 当所有的陪审官都投了票的时候，侍者便拿着投票有效的那个瓶，把它通通倒在计票盘上，盘上的凹穴数目和投票球之数相等，使投票球可以排列得一目了然，且易计算，而穿孔的和不穿孔的投票球，诉讼人都能看得清清楚楚。于是由抽签指定计算投票球的人员便在计票盘上计算投票球，分之为两类，一为无孔的，一为穿孔的。然后传令官宣布票数，穿孔的投票球属于原告

的，不穿孔者属于被告的；得多数票者胜诉，但票数如相等，则被告 2
胜。而后如果必要，他们就估计损失，以同样方式投票，交出他们
的票，并收回棒子；关于损失的估计，两造均得在三品脱水的时间
内发言。当他们完成他们作为陪审官的法律职务时，他们便在抽
签指定的那一组领取他们的酬费……

专有名词(地名、人名)索引

(数字指章节次序,载有"断片"者,指"断片"次序)

Acastus,阿卡斯图斯,3.3

Acherdusian,阿刻耳杜斯,38.3

Acte,海角,42.3,61.1

Aegeus,阿勾斯,断片 2,断片 6

Aegospotami,埃戈斯波塔密,34.2

Agyrrhius,阿菊里乌斯,41.3

Alcmaeon,阿尔克墨嗡,13.4

Alcmaeonidae,阿尔克迈嗡尼代,1.1,19.3,20.3,28.2

Alexias,阿勒克西乌斯,34.2

Alopecē,阿罗珀刻,22.5,45.1

Ammon,阿蒙,61.7

Ambracia,阿谟布剌客阿,17.3

Anacreon,阿那克勒嗡,18.1

Anaphlystius,阿那佛吕斯图斯,29.1

Anchimolus,安客摩卢斯,19.5

Angelē,安革利,34.1

Anthemion,安塞密嗡,7.4

Antidotus,安提多图斯,26.3

Antiphon,安提丰,32.2

Anytus,阿泥图斯,27.5,34.3

Aphidna,阿斐德那,34.3

Apollo,阿波罗,断片 1,55.3

Archestratus,阿耳刻斯特剌图斯,35.2

Archinus,阿耳客努斯,17.3,34.3,40.1,2

Arginusae,阿耳隔努塞,34.1

Argos,阿耳戈斯,17.2,3,19.4

Ariphron,阿里佛隆,22.6

Aristaechmus,阿里斯忒克穆斯,4.1

Aristeides,阿里斯忒得斯,22-24,28.2,41.2

Aristion,阿里斯提嗡,14.1

Aristocrates,阿里斯托克剌忒斯,33.2

Aristodicus,阿里斯托狄库斯,25.4

Aristogeiton,阿里斯托革,18.2,58.1

Aristomachus,阿理斯托玛库斯,32.1

Artemis,阿耳忒密斯,58.1

Asclepius,阿斯克列皮乌斯,56.4

Athena,雅典娜,14.4,47.1,49.3

Brauron,布洛罗尼亚,54.7

Bucolium,部科利嗡,3.5

Callias,卡利阿斯,32.1,34.1
Callibius,卡利俾乌斯,37.2,38.2
Callicrates,卡利克刺忒斯,28.3
Cedon,刻冬,20.4
Cephisophon,塞斐索丰,54.7
Charmos,卡耳穆斯,22.4
Chios,开俄斯,24.2
Chronons,时间,12.4
Cimon,客蒙,26-28
Cineas,客涅阿斯,19.5
Clazomenae,克拉索墨奈,41.3
Cleisthenes,克勒斯塞涅斯,20 以下,28.2,41.2
Cleitophon,克勒托丰,29.3,34.3
Cleomenes,克勒俄墨涅斯,19.5,20.3
Cleon,克利嗡,28.3
Cleophon,克利俄丰,28.3,34.1
Codridae,科德律斯族人,断片 7
Codrus,科德律斯,3.3
Collytus,科吕堤斯,14.4,22.4
Comeas,科墨阿斯,14.1
Conon,科农,25.2
Creusa,克勒乌萨,断片 1
Cronos,克洛诺斯,16.7
Cylon,库隆,断片 8
Cypselidae,库普塞利德,17.3

Damasias,达马西阿斯,13.2
Damonides,达摩尼得斯,27.4
Decelea,得刻利阿,34.1
Delos,提洛,54.7,56.3,62.2
Delphi,特尔斐,19.4
Delphinium,得尔菲尼温,57.3
Demaretus,得玛勒图斯,38.2
Dionysia,狄俄泥索斯节,54.8,56,57.1
Dionysus,狄俄泥索斯,3.5
Diphilus,狄腓卢斯,7.4
Draco,德拉科,3.1,4.1,7.1,41.2
Dracontides,德剌孔提得斯,34.3

Eëtionea,厄厄提俄尼阿,37.1
Egypt,埃及,11.1
Eleusis,厄柳西斯(厄柳西尼亚),39.1-4,40.4,54.7
Enyalius,厄泥阿利宇斯,58.1
Ephialtes,厄斐阿尔忒斯,25 以下,28.2,35.2,41.2
Epilyceum,厄辟吕刻嗡,3.5
Epimenides,厄辟迈尼得斯,1.1
Erechtheus,厄勒克修斯,断片 2
Eretria,厄勒特里阿,15.2,33.1
Euboea,优卑亚,33.1
Eucleides,攸克利得斯,39.1
Eumelides,优美里德斯,45.1
Eumolipidae,攸摩尔辟代,39.2,57.1

Geraestus,革赖斯图斯,22.8
Gorgilus,戈耳隔卢斯,17.3

Hagnon,哈格农,28.3
Harmodius,哈尔摩狄乌斯,18.2-

4,58.1
Harpaitides,哈耳琶克提得斯,19.6
Hegesias,赫革西阿斯,14.3
Hegesistratus,赫革西斯特剌图斯,17.3
Hellenes(Greeks),希腊人,23.2
Hephaestus,赫斐斯特,54.7
Heraclea,赫剌克利亚,54.7
Heracleides,赫剌克利得斯,41.3
Hermocreon,赫耳摩克勒翁,22.2
Herodotus,希罗多德,14.4
Hipparchus,希琶耳库斯,17-19,22.4
Hippias,希辟阿斯,17-19
Hippomenes,希波墨尼斯,断片 7
Homer,荷马,断片 4
Hymettus,于墨图斯,16.6
Hypsechides,于普塞克得斯,22.8

Imbros,伊谟布洛斯,62.2
Ion,伊翁,断片 1,3.2,41.2
Ionia,爱奥尼亚,5.2
Ionians,爱奥尼亚人,断片 1
Iophon,伊俄丰,17.2
Isagoras,伊萨戈剌斯,20.1-3,21.1,28.2

Laciadae,拉客阿代,27.3
Leimone,勒摩尼,断片 7
Leipsydrion,勒普绪德里翁,19.3
Lemnos,勒谟诺斯,61.6,62.2
Lenaeum,螺奈亚,57.1
Leocoreum,勒俄科勒乌谟,18.3
Lesbos,列斯堡,24.2
Lycomedes,吕科墨得斯,断片 6
Lycurgus,吕库耳菊斯,13.4,14.3
Lycus,吕科斯,断片 2
Lygdamis,吕格达密斯,15.2
Lysander,吕珊得,34.2-3
Lysicrates,吕西克剌忒斯,26.3
Lysimachus,吕西马库斯,23.3,45.1

Marathon,马剌松,22.3
Maronea,马洛尼阿,22.7
Medon,墨冬,3.3
Megacles,墨加克勒斯,断片 8,13.4,14.3,22.5
Megara,墨加剌,断片 2,14.1,17.2
Melobius,墨罗俾乌斯,29.1
Miltiades,密尔提阿得斯,26.1,28.2
Mnesilochus,谟涅西罗库斯,33.1
Mnesitheides,谟涅西塞得斯,26.2
Munychia,穆尼客阿,19.2,38.1,42.3, 61.1
Myron,弥隆,1.1

Naxos,那克索斯,15.3
Neocles,尼俄克利斯,23.3
Nicias,尼客阿斯,28.3
Nicodemus,尼科密得斯,22.7
Nisus,尼索斯,断片 2

Oea,俄厄阿,27
Olympians,奥林帕斯诸神,12.4

Paeanians,派阿尼阿,14.4,28.3
Palladium,帕拉狄温,57.3
Pallas,琶拉斯,断片 2
Pallenis,琶勒尼斯,15.3,17.3
Panathenaea,泛雅典娜,18.2,3,43.1,49.3,54.7,60.1,62.2
Pandion,潘狄嗡,断片 2
Pangaens,潘该乌斯,15.2
Paralus,帕刺吕斯,61.7
Parnes,琶耳涅斯,19.3
Pausanias,泡珊尼阿斯,23.4,38.3,4
Peiraeus,拜里厄斯,35.1,38.3,4,39.6,40.2,3,41.2,42.3,54.8,61.1
Peisander,珀珊得耳,32.2
Peisistratus,珀西斯特剌图斯,13-17,22.3,28.2,41.2
Pelargicum,珀拉耳隔库谟,19.5
Pericles,珀里克利斯,26 以下
Phaenippus,维尼浦斯,22.3
Phayllus,法宇卢斯,38.3
Pheidon,斐冬,10.1
Philoneos,腓罗涅俄斯,17.1
Phormisius,缚耳密西乌斯,34.3
Phreatto,佛勒阿托斯,57.3
Phyē,费厄,14.4
Phylē,费利,37.1,38.2,41.2
Point(Actē),海角,42.3,61.1
Poseidon,波赛敦,67.4
Pylos,皮罗斯,27.5
Pythia,皮西阿,19.4,21.6
Pythodorus,皮索多律斯,27.2,29.1 以下,35.1,41.1

Rhaicelos,赖刻卢斯,15.2
Rhinon,里农,38.3,4

Salamis,萨拉密斯,17.2,22.7,23.1,27.2,54.8,62.2
Samos,萨摩斯,24.2,62.2
Scyllaeum,斯库莱于谟,22.8
Scyros,斯库洛斯,断片 6,62.2
Sisily,西西里,28.3,29.1
Simonides,西摩尼得斯,18.1
Solon,梭伦,2,5-14,17.2,22.1,28.2,35.2,41.2,47.1
Sophonides,索缚尼得斯,25.1
Spartiates,斯巴达人,19.

Tanagra,塔那格剌,25.4
Telesinus,忒勒西努斯,22.5
Thargelia,塔格里业,56.3,5
Thebes,塞拜斯,15.2
Themistocles,塞密斯托克利斯,22-25
Theopompus,塞俄波谟浦斯,33.1
Theramenes,塞剌墨涅斯,28.3,5,32.2,33.2,34.3,36.1,37.1,2
Theseum,塞修斯庙,15.4,62.1

Theseus,塞修斯,断片 6，41.2
Thettalos,塞塔卢斯,17 以下
Thrasybulus,司剌绪部卢斯,37.1，40.2
Thucydides,修昔的底斯,28.3
Timonassa,提摩那萨,17.3
Timosthenes,提摩斯塞涅斯,23.5
Xanthippus，克珊西浦斯，22.6，28.2
Xenaenetus,克塞奈涅图斯,40.4
Xerxes,克塞耳克塞斯,22.8
Xuthus,克绪托斯,断片 1
Zeus,宙斯,55.3

译 后 记

本书是根据拉克汉(H. Rachham)的英译本("雅典政制" The Athenian Constitution,载罗依伯古典著作丛书 The Loeb Classical Library,1952 年版)并参考刻泥嗡(F. G. Kenyon)的英译本("雅典政制"Atheniensium Respublica,载"亚里士多德全集"The Works of Aristotle,第十卷,1921 年牛津版)译出。译名尽量求其符合原音,因而与通用者有时不免略有出入,请参考所附"专有名词索引"。凡没有署明注者的,皆为英译者拉克汉的原注。

亚里士多德的政治立场属于中庸奴主阶层,书中贬克利嗡(Cleon)而褒塞剌墨涅斯(Theramenes),便是明证。此书无疑是古代雅典政治史的极重要史料,但它必须和别的古典著作结合应用,并加以批判。书中所记与史实有出入处,英译者原序及注释可供参考。

希腊文 πολιτεία(英文多译为 Constitution),在书名译作"政制",因为这是一部政治制度的论著;书中则译作"宪法",因为所指的是各阶段的具体宪法,或成文,或不成文。统一很不易,不如两译。

古典著作是难译的,且本书下篇关于政治制度部分有待考订者尚多,译者识见有限,错误在所难免,盼读者指正。

译　者

1957 年 1 月

图书在版编目(CIP)数据

雅典政制/(古希腊)亚里士多德著;日知,力野译.—北京:商务印书馆,2017
(汉译世界学术名著丛书:120年纪念版:珍藏本)
ISBN 978-7-100-14385-1

Ⅰ.①雅… Ⅱ.①亚… ②日… ③力… Ⅲ.①奴隶制度—历史—雅典 Ⅳ.①D091.2

中国版本图书馆CIP数据核字(2017)第152001号

汉译世界学术名著丛书
(120年纪念版·珍藏本)
雅 典 政 制
〔古希腊〕亚里士多德 著
日知 力野 译

商 务 印 书 馆 出 版
(北京王府井大街36号 邮政编码100710)
商 务 印 书 馆 发 行
北京市十月印刷有限公司印刷
ISBN 978-7-100-14385-1

2017年12月第1版 开本710×1000 1/16
2017年12月北京第1次印刷 印张6¾
定价:35.00元